管理学实例研究：
发展战略、财务优化、创业孵化、转型升级

刘荣春◎著

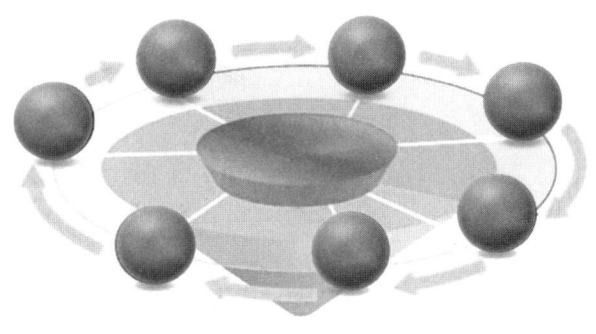

经济管理出版社
ECONOMY & MANAGEMENT PUBLISHING HOUSE

图书在版编目（CIP）数据

管理学实例研究：发展战略、财务优化、创业孵化、转型升级/刘荣春著. —北京：经济管理出版社，2019.10
ISBN 978-7-5096-6939-6

Ⅰ.①管… Ⅱ.①刘… Ⅲ.①企业管理—研究 Ⅳ.①F272

中国版本图书馆 CIP 数据核字（2019）第 271840 号

组稿编辑：丁慧敏
责任编辑：丁慧敏　张莉琼　张广花　乔倩颖
责任印制：黄章平
责任校对：董杉珊

出版发行：经济管理出版社
　　　　　（北京市海淀区北蜂窝 8 号中雅大厦 A 座 11 层　100038）
网　　　址：www.E-mp.com.cn
电　　　话：（010）51915602
印　　　刷：北京晨旭印刷厂
经　　　销：新华书店
开　　　本：720mm×1000mm/16
印　　　张：11.75
字　　　数：205 千字
版　　　次：2019 年 10 月第 1 版　2019 年 10 月第 1 次印刷
书　　　号：ISBN 978-7-5096-6939-6
定　　　价：58.00 元

·版权所有　翻印必究·

凡购本社图书，如有印装错误，由本社读者服务部负责调换。
联系地址：北京阜外月坛北小街 2 号
电话：（010）68022974　邮编：100836

目录

第一章　风雅颂扬文化传播集团新媒体业务发展战略研究 …………… 1

　　第一节　绪论 / 3
　　第二节　相关概念及理论基础 / 9
　　第三节　风雅颂扬文化传播集团现状及内外部环境分析 / 15
　　第四节　风雅颂扬文化传播集团新媒体发展战略选择 / 26
　　第五节　风雅颂扬文化传播集团新媒体发展战略实施 / 31
　　第六节　结论与展望 / 37

第二章　政府储备物资财务管理制度优化研究 ………………………… 41

　　第一节　绪论 / 43
　　第二节　财务管理相关理论和相关制度研究 / 50
　　第三节　江西储备物资管理局财务管理的现状 / 59
　　第四节　江西储备物资管理局财务管理制度存在的问题分析 / 72
　　第五节　政府储备物资部门的财务管理制度优化 / 77
　　第六节　结论与展望 / 88

第三章　高校大学生创业孵化基地运营现状及发展对策研究 ………… 91

　　第一节　绪论 / 93
　　第二节　高校大学生创业孵化基地的相关理论和概述 / 100

第三节 基于问卷调查的江西省部分高校创业孵化基地运营
　　　　现状及问题分析 / 107
第四节 国外高校大学生创业孵化基地建设的经验借鉴 / 115
第五节 完善高校大学生创业孵化基地建设的对策建议 / 121
第六节 结论 / 125

第四章　互联网金融背景下中国邮政储蓄银行九江市分行转型发展研究……131

第一节 绪论 / 134
第二节 转型发展方向论述 / 141
第三节 中国邮政储蓄银行九江市分行经营特点介绍 / 145
第四节 中国邮政储蓄银行九江市分行转型的影响和带来的
　　　　问题 / 153
第五节 互联网形势下中国邮政储蓄银行九江市分行的转型
　　　　策略 / 160

参考文献 ……………………………………………………………… 175

后　记 ………………………………………………………………… 183

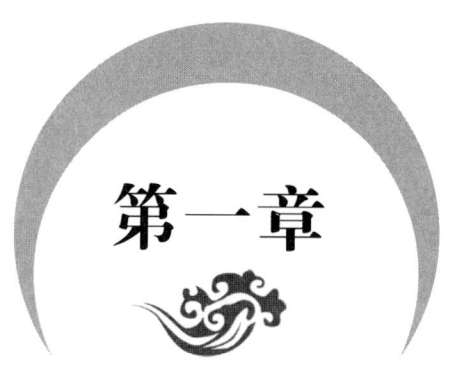

第一章

风雅颂扬文化传播集团新媒体业务发展战略研究

近年来，随着互联网等新媒体技术的不断发展，国内的传统媒体已经逐渐被新媒体所取代，电视广播等传统媒体行业逐渐淡出年青一代的视野。广播和电视早已不是传播的主要途径，传统媒体面临着前所未有的冲击。在面对新媒体挑战的同时，如何认识自身的不足，传统媒体行业怎样从所面临的危机和挑战中寻求必要的突破，并得到新的发展，是当下应解决的首要问题。

本章通过论证分析的方法，分析风雅颂扬文化传播集团发展新媒体所存在的问题和具备的优势，将风雅颂扬文化传播集团与社会上的各类资源相互融合，力求最大限度地丰富其产品种类。新媒体的战略实施需要不同于以往的管理模式和管理思维，因此，需要运用互联网思维，改变现有的经营管理模式，大力推动实施新媒体战略。新媒体的发展同样离不开创新，甚至可以说创新就是新媒体的意义所在，培养多样化的人才和员工的创新能力，使之在变化中不受其乱，创造出更多具有新媒体特点的产品、策划新型的节目等。与此同时，本章还将探索研究网站投资融资方式和合作方式，通过资本运作完成产业链上下游企业的并购，提升其综合竞争力，吸引多样化的新媒体人才。探讨网站进入OTTTV（互联网电视）和移动互联网领域的形式，确立未来五年具有风雅颂扬文化传播集团特点的新媒体发展战略。

第一节　绪　论

一、研究背景及意义

（一）研究背景

随着娱乐生态逐渐向多屏化发展，电影院、电视等获取娱乐内容的形式已经无法满足现阶段消费者的需求。消费者渴求内容更加丰富、形式多样化的娱乐节目。同时，当前人们越来越依赖平板电脑与智能手机等电子产品，这在很大程度上推动了与新媒体有关的产品服务和内容的蓬勃发展，也让越来越多的制造商在新媒体平台投放广告。因此，在新媒体潮流的冲击下，以广播电视为代表的传统媒体的节目收入不断下降，广告收入也不太乐观。

2018年，百度、腾讯及阿里巴巴等互联网巨头的总营收高达1800亿元，其通过广告赚取的收入远超当年全国广播电视媒体所投放的总广告收入。在新媒体蓬勃发展之际，传统媒体也表现出积极的态度和共同发展的意愿。2018年8月，中央深化改革领导小组第四次会议一致同意颁布《关于推动传统媒体和新兴媒体融合发展的指导意见》（以下简称《指导意见》），并提出了整合的具体目标、措施、原则、人才培养体系及内容要求等。《指导意见》的出台，给传统媒体与新媒体之间实现有机的战略协作指明了方向，为新媒体的深入发展提供了强大的动力和资源，同时也给传统媒体提出更高的要求，促进其在新时代背景下的自身发展。

"十三五"规划实施以后，党中央和国务院陆续颁布了推动文化产业迅速发展的相关政策，为推动文化产业的健康发展奠定了良好的政策基础，推动影视产业不断发展壮大。随着网络技术的不断发展，文化产业与互联网技术的融合越来越深入，互联网技术在文化产业中的应用越来越广泛，互联网金融的新模式也为文化产业发展提供了不同的融资渠道。

自国家推行文化产业"走出去"战略后，风雅颂扬文化传播集团在整个浙江省文化产业中迅速崛起，市场影响力和话语权不断提升。在蓬勃发展的同时，由于历史等原因，风雅颂扬文化传播集团主要向传统媒体提供影视产品，制作传统形式的影视作品，这样的制作营销模式，必然会受到新媒体产业的影响与冲击，无法顺应互联网潮流的变化趋势。为此，风雅颂扬文化传播集团也借着新媒体发展的"东风"，跨入了新媒体行业之中，并搭建了与之对应的网络传播平台，产生了一批优秀的影视作品，开创了集团新媒体发展的新阶段。

（二）研究意义

风雅颂扬文化传播集团在其发展规划中，将新媒体领域的拓展作为其未来几年的主要经营项目，并积极推行与扩张新媒体产业业务。其中，风雅颂扬网（Fysy.com）便是负责发布与传播相关内容信息的新媒体战略平台，它是一个极具权威性、准入门槛较低、为网民提供国家级别的视频和纪录片等内容的互联网互动型平台，其目的在于打造基于微电影、纪录片与宣传片等内容为主的视频互动网站。不难看出，风雅颂扬网的定位偏向于传统文化和艺术，小组导向是一个喜欢传统文化和艺术的"小人群"。它不能满足大多数观众的需求，更无法满足网民对于"泛娱乐"等文娱内容的诉求。另外，风雅颂扬网借助互联网媒体平台，为更多客户提供对应的服务、内容等，然而其运营思维并未将"以客户需求为中心"作为经营理念。因此，只有改变现阶段固有的思维模式，采取跨行业的协作模式，加强新业务的拓展，增强资本运营的能力，才能转变经营模式，优化商业经营模式。

就当下而言，风雅颂扬文化传播集团新媒体发展最主要的问题就是发展水平不够，主要表现为：风雅颂扬文化传播集团所推行的新媒体方式较为单一化，无法吸引更多公众的关注，渗透率较低，营运资金不足，人才流动性大等。基于此，本章在论证剖析的基础之上，力图分析风雅颂扬文化传播集团新媒体发展的优势与劣势，努力将风雅颂扬文化传播集团与社会上的各类资源相互融合，最大化实现产品类别的多样化；通过互联网，学习影响管理与经营者的思维方式，让他们在实践中朝着新媒体的发展步伐前进，满足目标客户的需求；引导负责网站工作的职工不断提高其自身的创新水平，以便符合新媒体发展所需，制作优质的新媒体内容产品，更新项目形式。同时，本章还对网站的协作方式、投融资形式等进行了探讨，以便健全上游与下游企业之间的并购模式，通过资本运作增强企业的综合竞争力。此外，还对网站打通 OTTTV（互联网电视）以及移动互联网等诸多产业的方式进行了探究，由此确定体现符合风雅颂扬文化传播集团发展特征的新媒体业务的五年发展规划，以加强新媒体建设，制定多元化战略为主要目标，推出移动终端 APP 应用和网络电视等新型媒体传播形式。

通过相关探究，为风雅颂扬文化传播集团在新媒体领域的迅速发展提供有益的帮助：首先，在对风雅颂扬文化传播集团深入剖析的前提下，找出集团新媒体业务所面临的挑战与潜在的机会，对该集团推行的新媒体规划战略确立明确的目标，以此为引导，为其新媒体产品的深入发展提供更多借鉴和帮助；其次，为该集团的上游和下游产业链之间的整合提供参考与依据；再次，为新媒体经营与管理者提供有益的理论参考；最后，通过探究新媒体产业的大力发展，有助于增强产品的研发水平，确立全新的媒体体系，增强同行业之间的竞争实力，促进风雅颂扬文化传播集团新媒体战略的顺利实施。通过制定和推行新媒体发展战略，风雅颂扬文化传播集团所推行的新媒体项目，可逐步发展成国内的主流项目；通过对社会资源加以有效整合，集团会组建影视剧、视频直播、纪录片及微电影等于一体的丰富的产品业务链，以便为客户提供更好的视频内容；同时，风雅颂扬文化传播集团提升自身综合竞争力后，新媒体与资本运营人才、内容的制作及策划人才等的规模与数量会不断拓展；借助集团所拥有的内容资源、平台机构优势，新媒体公司通过集资、引资合作、IPO 上市等手段来吸收资金，资助新媒体运营和业务发展；通过对新媒体业务上下游的产业链组合，推出更多类型的服务方式，让用户从中获新媒体平台提供的多样化服务与产品。

二、国内外研究现状

（一）国外研究现状

1. 国外关于战略管理的研究

20 世纪 70 年代国外学者提出了战略管理与动态能力等学说，对影响企业发展过程中的竞争优势产生影响的相关要素进行了分析。同时，认为企业竞争的具体优势属于动态化的调节过程，并由市场需求是否稳定所决定。Parshina（2011）借助经济中的数学建模分析法，对工业与经济之间的运营水平予以剖析，确立了基于战略规划及提高竞争实力的管理决策体系，同时确立了具体增强企业竞争力的业务战略管理体系。

Kuznetsov 及 RomanovskaYa 等（2015）探究发现，在业务流程及管理环节的效率提升之后，企业可在竞争异常激烈的市场中提高自身地位，让业绩得以优化，并对质量提升、成本管控进行调整。Yevhenii 和 Serichonchyk（2016）借助综合环境分析法，对市场的发展做出悲观与乐观两种预测，透过 PJSC 企业所进行的战略分析，确立了相应的战略决策，同时按照实际情形来调节和选择对应的功能策略，将市场悲观等要素纳入其中进行考量，认为企业此时需选择更加稳定化的策略来进行发展，当市场呈现乐观的发展预测时，则企业需使用适当的增长型策略予以发展。Zotova 及 Ivliev 等（2016）经过探究得知，采取抽象化的战略探讨，将大大减少对管理决策的需要，应加强效率和战略发展的实际应用价值的研究。

2. 国外关于新媒体的研究

2013~2015 年，在"三网融合"的政策影响下，加之光纤宽带接入率不断提高，同时美、英等发达国家新媒体产业链也产生了重大转变。此时，新媒体不论是产业还是提供的服务体系，其规模均得到了迅速扩张，相关的个性化、特色化的视听内容的市场需求量得到不断攀升。基于这一背景，学术界针对新媒体业务的探究课题也越来越多。在借助 CNKI Scholar 搜索"New Media"这一关键词发现，近五年与之对应的外国文学数不胜数。《新媒体与社会》《计算机媒介传播期刊》《国际传播与媒体研究领域的重要期刊》在影响因子方面享有盛誉。《通讯杂志》一直是外国传播和热衷于新媒体课题探究的学者发表探究成果的重要平台之一。而新媒体的发展态势、传播及其与社会之间的关系，长久以来均为国外相关学者探究的重点范畴所在。加拿大传播学者马歇尔·麦克卢汉对此进行了探究，并发表了"理解媒体：人类的延伸"等观点，由此构成了新媒体探究学者的理论参考基础。在该学者看来，媒体形式除了广播、杂志及报纸等，还包含人工创作、文化产品及大脑潜意识的拓展与延伸等各类媒体形式。

（二）国内研究现状

1. 国内关于发展战略的研究

对于管理学探究来说，发展战略研究是其重要的构成部分。借助波特提出的五力分析、SWOT 分析法及相关探究方法，将其与实体企业的发展相结合，则能对企业的实际情况、未来态势等提供较好的参考价值，同时也能让企业处于更加健康的发展状态之中。曹文（2012）总结了企业战略的范围，认为只要涉及企业诚信、长期和基本性等内容，则应该纳入企业战略的范围之中。在赵宇露（2016）看来，企业战略、人力资源管理体系和企业的总体发展规划之间密切相关，借助合理化的发展战略及科学化的人力资源管理机制，能够大大提升企业的绩效水平。王晓红（2016）认为，作为中小企业的经营与管理者，需尽快改变过于传统化的经营理念，用新思路看待社会变革，制定科学发展战略，应对市场严峻的挑战。周厚源（2016）认为，企业所制定的发展战略，需根据其当前的计划来制定，以便保证企业在变幻不定的政策与经济环境中可持续发展，企业的管理应侧重于公司战略的发展。

2. 国内关于新媒体的研究

在新媒体产业蓬勃发展之际，其如何与传统媒体融合已成为学术界的热门话题，关于如何进一步发展报纸和杂志等传统媒体、传统媒体如何适应时代潮流做了大量研究。在中国，大多数报业集团热烈讨论如何与新媒体进行整合、如何提高经济利益、传统报刊的未来发展和如何与媒体整合等问题，学术界也诞生了较多的探究成果。另外，学者们针对新媒体探究的广度、深度等均在持续深化，这些讨论基本包含下列两种情况：一是在新媒体刚刚崛起的时期，新媒体的压倒性优势还没有被发现，中国的一些报刊已经开始探索新的盈利模式和新的战略计划。黄春平在其发表的《深圳、广州、北京三地党报集团发展现状研究——基于报业集团核心竞争力战略的比较分析》中，全面比较分析了三个城市的党报集团。通过比较分析，考虑到地理环境、经济环境、人文环境和政治环境的差异，各地区党报的发展也存在差异。北京报业发展的核心在于商业模式的创新，而区域的报业集团重视资源之间的整合性，广州南方报业则更加重视品牌的发展和创建。二是新媒体的发展阶段。此时，传统媒体开始转变思维观念，着手制定更加明确化的发展规划。对此有三篇研究文章可供参考。第一篇是郑宝伟和刘家英的《新媒体环境下的党报问题及改革对策》。在该文中，明确提到新媒体环境给传统媒体的发展所产生的冲击与严峻的挑战，指出新媒体抢占了传统媒体的部分市场资源。新媒体所具备的互动与及时等特征，吸引了越来越多的读者从纸质媒体阅读转向手持电子阅读，传统媒体销售额下降导致经济效益下降，销量下降伴随着广告营收的持续压缩，使印刷量也得以减少。传统党报面临新媒体更多的冲击和发展压力。第二篇是王若梅（2012）的《传统媒体与新媒体的冲突与整合》。此文结合传统媒体的原有优势与新媒体的优势，引入了一种新的组合方式，这种组合方式利用内容之间的互相操作、加强渠道之间的整合等措施，达到互利共赢的目的，以此发挥好媒体所具备的总体优势。第三篇是周易的《媒体整合背景下党报可持续发展研究》。通过分析当时中国报纸面临的新形势，指出报纸和媒体的发展所面临的挑战是在当前形势下不可避免的。发展的道路只能适应新形势制定新的发展战略，解决报纸发展的瓶颈问题，要不断培育新型全媒体人才。

三、研究方法

（1）调查法：调查传统媒体行业以及新媒体行业现状，分析两者运营模式。

（2）经验总结法：总结案例媒体企业实际业务发展过程、所遇到的问题与瓶颈，并针对相关问题进行深入分析，提出对策建议。

（3）文献分析法：通过各种相关专业文献以及国内外资料，分析整个传统媒体行业以及新媒体行业现状。

（4）SWOT矩阵分析法：借助该矩阵来综合剖析企业所具备的内部与外部条件，并对其优势、机会、威胁及劣势等方面进行详细分析。

第二节　相关概念及理论基础

一、相关概念界定

（一）新媒体

当前，不论国内学者还是国外学者，对于新媒体这一概念的含义，并未达成一致共识与界定。在崔保国教授看来，"新媒体并没有确定化的含义，它包含有线电视、录像、光纤通信及数字通信网等各类形式，而渗透率最高、公众影响能力最强的则是多媒体与高速信息公路技术"。他在《新媒体概论》中提及，新媒体的内涵处于持续变化的状态之中，当前指的是基于数字、互联网及移动通信等相关技术为支撑，给用户带来线上游戏、音频视频及在线教育等各类信息内容、娱乐服务，并由此形成的新兴媒体。而北京大学陈少峰教授则认为，新媒体主要是基于新技术及数字信息科技的前提下所形成的媒体形态，包含手机媒体、数字杂志等。而在维基百科当中，新媒体（new media）被界定成互联网根据用户需求提供的相应内容，可以借助相关设备进行访问与查找，一般包括创造性、交互式参与和反馈等形式。美国新媒体学者列维·曼诺维奇（Lev Manovich）经过探究发现，新媒体并不局限于某种特定的媒体形式，它是和传统媒体模式互不相干的数字化信息形式，相关信息可按照用户的实际需求，借助对应媒体载体方式予以展现。

（二）媒介战略管理

本章从战略管理视角看媒体的转型态势，同样属于框架的分析方法。在奥姆斯特德看来，传媒业所推行的战略管理实质上指的是媒体企业采取何种方式来满足多样化需求的受众，以及广告和具备一定影响力的媒体项目之间的生产、分配等要素，同时，独立的媒体企业在市场中该怎样保持竞争地位，进而提高业绩水平；媒介战略管理重视媒介组织和对应目标、环境及资源等要素的关系，尤其是这些要素为了配合环境的转变所形成的动态化结果。按照媒介战略管理所提及的分析法、理论学说，还需关注下列问题：第一，在媒体转型过程中，首要问题就是要从战略角度进行审视，将之视为"全局性、长期性的规划"。"现代经营管理之父"约尔认为,管理职能包含组织、计划、协调及控制等层面。具体来说,战略为"计划"这一职能的范畴,后者要求从事媒介运营的管理者,需对其发展目标及执行方案进行确立,同时安排详细的实施细则。与此同时,不仅要分清战略目标的转变,还要规划采取怎样的措施,才能达成战略目标。第二,战略的具体执行则关系到业务选择的层面,业务支撑对于战略的推进来说有着重要作用;竞争战略则关系到企业采取怎样的措施,在各项业务中推进竞争策略。对于传统媒体来说,若要转型成功,就要选取合理化的竞争策略,推行更具战略支撑水平的项目。

二、战略分析工具

(一) SWOT 矩阵分析法

SWOT 矩阵分析法属于结合企业外部及内部等相关要素所构成的分析方法,即按照企业的内部发展环境,确立其具备的优势与劣势,另外根据它所处的外部环境,确立其中潜在的发展机会和遇到的威胁要素,由此结合企业的内部与外部发展要素,了解企业自身所具备的核心竞争水平。其中,S 为企业的优势,O 为发展机会,W 为劣势,T 为威胁。根据上述四要素的关系来看,S 和 W 为内部因数,它们意味着优势和劣势;O 和 T 为外部因数,它们意味着企业的发展机会和存在的威胁。按照企业竞争战略的学说概念可知,其战略理论应为企业可以实现及有可能实现的战略组合,即优势和劣势、威胁与机会等要素进行有机融合。图 1-1 为 SWOT 矩阵分析法。

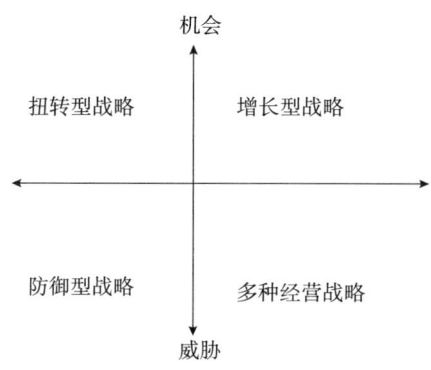

图 1-1 SWOT 矩阵分析法

（二）PEST 分析法

PEST 分析法是针对企业面临的外部环境来剖析企业所采取的市场战略的分析方法，它包含政治、社会、经济及技术四大要素，PEST 则是上述四大要素的英文首字母的缩写。

具体来说，P 为政治要素，主要是指将对公司的发展产生显著影响的政策或者政治环境、法律要素等。例如，政府针对某个行业颁布了相应的限制政策及法规，则该行业的企业需根据限制其发展的法规文件，对经营方式进行调节。

E 为经济要素，主要基于人均购买力、产业格局等多个要素，剖析企业面临的市场环境。例如，当人均收入得到较大增加，产业的格局不断优化与改善，经济结构也得到改善，此时企业的产品销量也会获得较大幅度的提升。

S 为社会要素，通常包含当地的风俗民俗、文化传统等诸多元素。

T 为技术要素，当技术获得较大发展或者革新时，人们的生活方式也会得到迅速转变。例如，过去电子产业中，出售的电视为黑白电视机，发展到现在，几乎家家户户均为液晶电视，同时不管是尺寸还是功能，电视机也得到了较大的改进和完善。技术进步带来的力量是巨大的，企业的发展也是同样的道理。图 1-2 为 PEST 分析法。

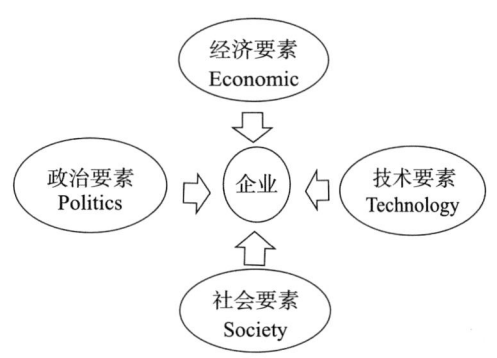

图 1-2　PEST 分析法

（三）波特五力模型分析法

20 世纪 80 年代，迈克尔·波特提出了波特五力模型，对于企业战略的确立带来了重要的指导性影响，可对企业所处的竞争环境进行深入剖析。"五力"分别指：供应商的议价能力、买家的议价能力、潜在的新竞争者能力、替代品的威胁以及竞争对手在行业中的竞争力。

供应商的议价能力：供应商是指从事生产经营活动所需要的各种资源、配件等的供应单位。具体来说，供应商可借助增加其产品价格或降低质量及服务的手段，向行业的下游企业施加集中的压力，并以此来榨取行业利润。供应商的议价能力越强，现有产业的盈利空间越小，反之则盈利空间越大。

买方的议价能力：买方是企业产品的购买者，是企业服务的对象。买方可以通过降低价格影响现有企业的盈利能力，迫使企业在一定程度上提供更高品质的产品和服务。在正常情况下，购买者的数量较少，单一的购买者需求量特别大的时候，买方的议价能力就会上升，反之议价能力就会下降。

潜在的新竞争者的能力：潜在的新竞争者也称新进入者，可以是新创办的企业，也可以是由于多元化经营而进入本行业的企业。新进入者往往带来新的生产能力和充裕的资源，与现有企业争夺市场份额和利润，新进入者威胁的大小取决于进入障碍和现有企业的反击能力的大小。如果进入壁垒较大，现有企业具有较强的反击能力，则新进入者的威胁较小；相反，威胁则会变大。

替代品的威胁：替代品是指那些与本行业的产品具有相同或相似功能的其他产品。替代品往往在某些方面具有超过原有产品的竞争优势，它的出现会给行业内所有企业带来冲击。两家公司相互竞争，往往是因为它们可以生产相互替代的产品。

竞争对手在行业中的竞争力：在同一个行业内部，存在着众多生产相同或相似产品的同业企业。同业企业之间始终存在着竞争。其竞争程度往往因行业不同而不同，有的行业比较缓和，有的行业非常激烈。波特五力模型如图1-3所示：

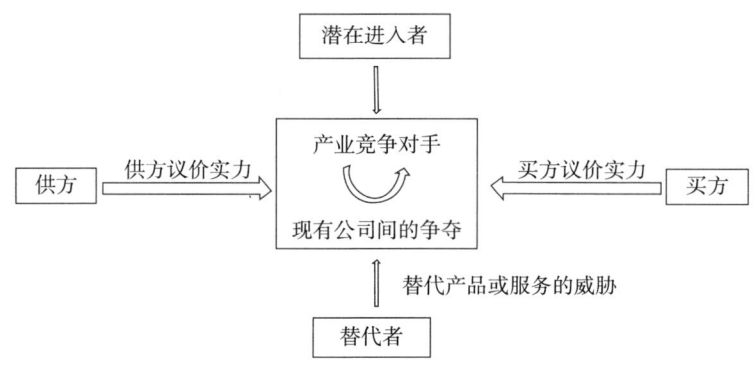

图1-3 波特五力模型

三、新媒体与传统媒体

（一）新媒体概况

新媒体即借助新技术的发展优势所诞生的媒体形态。而技术的持续进步，也为新媒体的蓬勃发展奠定了坚实的基础。新媒体包含网络媒体、移动媒体等诸多形式。具体来说，抖音、微博及微信公众号等均为新媒体的具体体现形式，它和户外广告、报纸、电视及广播等传统媒体形式有所区别。

所谓新媒体，就必须具备"新"的概念，具备形式、技术及哲学等诸多层面的创新特性，具备"数字、互联网、移动通信等技术"与"双向通信、用户创建内容"两个维度，新媒体基本上仅限于"网络媒体"和"移动媒体"。事实上，所谓的新媒体是根据不同时期媒体形式不断变化的，其传播方式相较于现有方式更加创新。目前，世界上大多数研究人员认为"新媒体"一般具有以下特征：依靠数字技术、以互联网为主要通信手段，这使新媒体也被认为是网络或者数字媒体。

在新媒体时代"内容为王"，因此注重原创与互动特性，它给传统文化的传播形式带来了极大的影响，并和传播角色进行有机结合。而传统层面上所指的信息接收方，也能在新媒体平台中发布信息，变成信息发布方。另外，信息的分发渠道多样化，访问方式多样化，网民可通过非常私人化的方式对外发布信息或者接收信息，例如互联网电视、网络电台、电子书。由于市场竞争激烈，人们每天的生活工作节奏越来越快，新媒体就可以随时随地满足人们对传播信息和情绪活动等的需求。而基于互联网这一背景下的第三代媒体，也步入了更为个性化的互动与沟通时代。对于互联网及移动电视来说，消费者还能变成相关内容的发布人与制作人，这使人们更加积极地使用新媒体。同时，新媒体可选的内容更为多元化、个性化，由此满足不同受众的需求，让整个市场更为完善。当掌握了新媒体特性后，便能发现其本质属性。媒体革命将技术革新作为核心，由此满足受众的多样化信息需求。在不断发展的新媒体时代，APP客户端、微信及微博等自媒体平台，得到了蓬勃发展，也引发了新的舆论探究热点。

新媒体具有以下 7 个特点：

（1）选择的主动性。观众可以不受电视节目播出时间的局限，随时随地在手机或计算机上订购喜爱的节目，并可以随时通过互联网重新访问错过的电视节目。

（2）交互式沟通。基于微信和微博的新媒体，可以让观众一边看节目，一边与朋友交流，对他们的意见和观点发表评论，大大满足了观众的交流需求。

（3）即时通信。如今，无论在任何时间和任何地方发生什么，只需传播一张图片，微博或微信就可以成为新闻，让人们随时随地了解政治和国家政策，完全突破时间和空间的限制。个人电脑、移动电话、iPad 都能成为新闻传播的出入口。

（4）惊人的存储量。在互联网终端，储存着大量的信息，人们可以用互联网查找世界各地的信息，无论什么时候，都可以随时随地用网络进行搜索。

（5）用户年轻。年轻人更能接受新事物，更能快速地学习并掌握新媒体。

（6）用户的空间使用优势更加凸显。移动互联网媒体的发展，破除了以往电视及电脑固定化的屏幕形式，它更为灵活便捷，让用户可随时随地浏览所需的动态信息。

（7）互动性强。在移动互联网迅速发展之际，新媒体的互动功能又得到了拓展，用户可实时分享与评论相关内容，增强了用户的互动性，让用户有更多的参与感。

（二）新媒体对我国传统媒体带来的影响

透过移动互联网的发展态势可知，传统媒体所构筑的产业链模式遭到毁灭性冲击，主要是由于传统媒体所提供的信息输入价值产生了严重的滞后性，其商业模式多属于"二次销售"。此时，只有用户足够多，其反馈出来的信息质量才会更高，传播价值也会随之增强，才能获取更多广告商在其媒体中投放广告。对于此类商业模式而言，它是"堤内损失堤外补"，即广告收入补足发行环节造成的损失，使传统媒体的盈利方式过于单一化，单纯依靠广告来维持运营。当用户流失过多时，传统媒体所采用的经营模式将难以为继。

互联网运营模式和传统媒体构成显著性的对比，它采取"免费+收费"的方式进行运营。互联网经济本身的"边际成本接近零"。一方面，以免费的方式吸引用户阅读相关信息，以此储备更多粉丝；另一方面，在保留了大量用户的基础上，将收取一定的费用，以弥补该平台的运营成本。互联网的世界是无国界的，而互联网市场可以是全球性的，具有用户流量大、规模大、多样化、黏性强的特点。2018 年，互联网营收已经达到 1540 亿元，第一次高于电视与报纸等各类传统媒体广告的总营收;淘宝广告营收高达37.5亿元;百度广告营收额为49亿元,高于报纸媒体广告的整体营收额;腾讯的广告也已经突破800亿元。从那时起,互联网已经取代了传统媒体成为广告市场中不可或缺的一部分。2009~2018年中国电视、报纸、网络广告市场规模如图1-4所示。

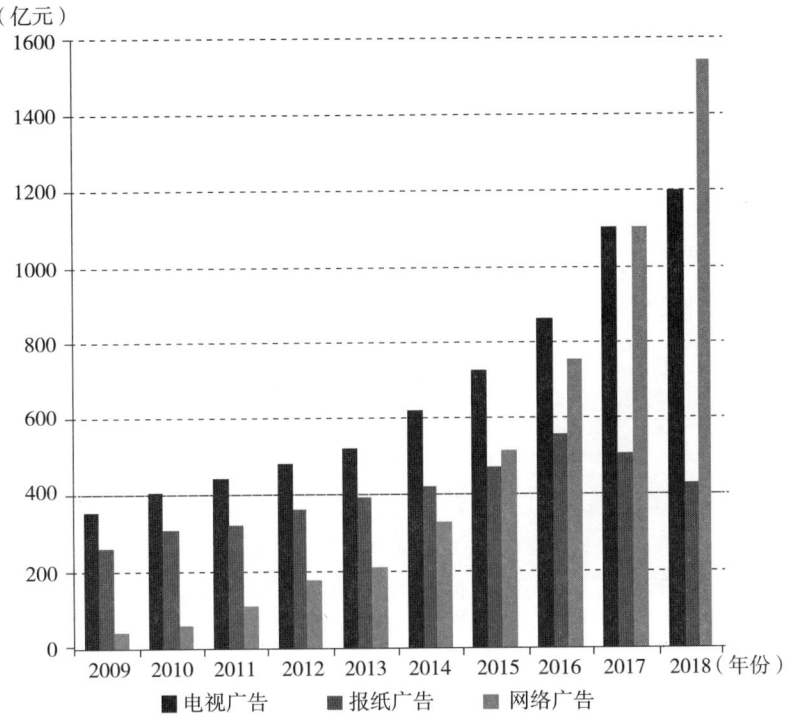

图1-4　2009~2018年中国的电视、报纸、网络广告市场规模

第三节　风雅颂扬文化传播集团现状及内外部环境分析

本节主要以风雅颂扬文化传播集团为例,对其新媒体的传播现状予以探究,对企业概况、经营历程、组织体系、市场地位及各个部门的职能等内容予以介绍,站在业务开拓、经营及管理三大能力层面,对该集团的内部经营环节做了深入探析。

一、风雅颂扬文化传播集团概述

（一）公司简介

风雅颂扬文化传播集团成立于1997年，数十年的实践，磨砺出了如今的风雅颂扬文化传播集团，高效的推广则让更多的风雅得以普传天下，并因此结出累累硕果。近几年来，风雅颂扬文化传播集团为各大知名企业提供专业的企业形象策划、视觉传达设计、宣传片策划制作等服务，潜心致力于国际品牌的本土融合和民族品牌的国际化建设，以精准的策略、巧妙的创意、完善的执行力，服务于广大客户。文化传播公司是客户企业声誉的设计师和传播者，风雅颂扬文化传播集团自认为是客户企业形象和品牌的守望者。集团凭借强大的媒体资源、专业高效的团队、先进快速的传播技术，竭尽全力为客户带来最大的商业价值。

（二）集团主营业务

1. 陈列布展

风雅颂扬文化传播集团一直致力于服务大型展厅，如科技展厅、企业展厅、博物馆、展览馆、纪念馆、规划厅等的设计和施工，使用各种多媒体和新技术，如声光电的形式，创建一个功能全面，人性化和智能显示的完美空间。

2. 公共艺术

公共艺术是艺术创作和相应的公共环境设计相结合的产物。公共艺术有空间的开放性、公众的自由认可等特征。公共艺术的设计与创作是公司的主营业务之一。

3. 数字特效互动

多媒体系统衍生产品主要有地面互动投影、空中翻书、球幕系统。互动多媒体主要应用于科技馆、规划馆、博物馆、行业展馆、主题展馆、企业展厅等传统多媒体技术无法实现的场所。

4. 装饰设计

风雅颂扬文化传播集团的装饰业务以博物馆、展览馆等公共区域设计项目为主，同时开发精品写字楼、高档住宅、酒店、宾馆、商场、展示空间等较大规模的室内外设计、室内外装修及配套产品工程。

5. 网站建设

由公司经验丰富的技术人员和富有想象力的创意设计师提供专业的网站设

计和施工服务。艺术媒体是优雅和飘逸的。风雅颂扬文化传播集团有三个主要媒体平台：互联网、电视和平面，还有一个15年的优秀浙江文艺鉴定的综合大型艺术门户《宝藏》。

（三）组织架构及职责

风雅颂扬文化传播集团总部设在杭州市上城区，公司由董事长带领，下有总经理1人、副总经理3人，公司下设部门有事业发展部、展陈设计部、财务部、总裁办、媒体部和宝藏网络科技有限公司。在企业人员构成中，董事长和总经理主要负责整体协调工作并率领公司全体员工团结一心让公司走向辉煌；业务发展部主要负责公司的经营计划和战略制定；展览设计部主要负责各区域展览会的建设和项目开发；总裁办下设人力资源及前台助理等，负责公司的人力资源相关事务、考勤审核以及后勤相关工作。宝藏网络科技有限公司由4个部门组成，各部门由主管负责，业务部负责影视类业务的对接工作及企划类工作，网络与节目部则肩负网站的策略、设计等重任，技术部门的相关人员必须具有该行业5年以上的工作经验，并具有一定的开发能力，可以在广告的推广、发布和企业规划中服务，财务部负责企业的财会管理事务，由财务总监、出纳及会计等人员构成。

二、外部环境（PEST）分析

（一）政治环境分析

近几年，党和国家出台了一系列针对文化产业深化改革的政策，以此支持文化产业的发展，为其提供更加专业化的引导。2013年，中共十八届三中全会发布了《中共中央关于全面深化改革的几个重大问题的决定》，为推动文化创新提出了新的战略规划、新的产业体制和机制，并提出新兴媒体的管理与实施细则，为新媒体和传统媒体的有机融合提供了合理化的指导建议。

2014年，中央综合深化改革领导小组在第四次会议中，一致同意颁布《关于促进传统媒体与新兴媒体融合与发展的指导意见》。此次会议提出，推动宣传文化领域的改革创新，促进媒体整合与发展的任务在于尽快跟上媒体发展结构的转变形势，提高主流媒体所具备的公信力，强化其舆论引导力量。由此可知，文化产业需为舆论提供正确的导向，并提升其为党服务的宣传水平。在传统媒体领域，有必要做好新兴媒体领域的工作。2015年是国务院实施

"促进三网融合总体规划"的最后一年,广播电视网络、电信网络和互联网的整合加速。在国家推行的"三网融合"发展策略及相关配套措施的引导下,新媒体企业从竞争激烈的市场中逐步整合,不断拓展。

风雅颂扬文化传播集团作为有责任的影视企业,一直坚持引导正确的舆论风向,为党和人民提供服务,这也是该企业的长远目标。它利用出色的电影和电视产品来激励和引导人们积极向上、爱国敬业。党和国家所制定的媒体整合与发展政策,对风雅颂扬文化传播集团的发展起到了非常重要的指导作用,为公司提供了切实的政策保障。这些政策为文化传播团体的新媒体发展提供了新的发展驱动力。

为了更好地整合新媒体与传统媒体的相关业务,充分发挥文化传播集团的电影和电视制作的优势和现有的庞大的影视资源,集团建立了专业的新媒体中心,该部门肩负着集团的相关新媒体项目的发展与运营。按照社会对新媒体项目的实际需求,集团于2010年建站,设立了风雅颂扬网,将其当作打通新媒体产业的项目平台。

(二)经济环境分析

由于国家越来越重视文化产业的发展,因此出台了一系列推动文化产业前进与发展的福利举措,尤其在"十三五"规划期间,我国文化产业获得了较快发展。该产业的发展推动了社会主义核心价值深入,同时也推动了更多优秀企业文化的出现。一方面有助于提高民族凝聚力,让社会秩序更加稳定;另一方面为国民经济的增长提供了新的利润增长点。和2010年进行比较得知,2014年国内的文化产业增长率自2010年以来翻了一番。在"十三五"期间,整个文化产业由1.1万亿元攀升至2.39万亿元;整个GDP占比也从2.75%攀升到3.76%,其增长率比GDP的增长率更高。随着经济下行的施压,文化产业依旧发展得如火如荼,超过了其他产业的发展速度。由此可知,文化产业可以为其他经济模式的转型及发展注入新鲜血液与活力。

新经济数据显示:2015年前三季度财报显示,如果以可比价格来算,国内生产总值同比提高了6.9%,为4877.74亿元;而我国的居民人均可支配收入攀升了9.2%,为16367元,其实际增长率是7.7%。按国家统计局所发布的数据可知,中国经济的发展趋势是恰到好处的,居民收入也在持续增加,其消费水平不断增强,特别在文化产品中的支出不断增加。

随着经济的快速发展,风雅颂扬文化传播集团正在探索新的影视发展模式,不断提高自身在影视企业中所处的地位,将其拥有的资源与市场地位化为竞争优势，不断创新和探索。同时，制订"互联网+"计划，持续拓展新媒体平台相关业务，实现战略目标，走出适合该集团发展的新媒体发展之路。

（三）社会环境分析

从《第36次中国互联网络发展状况统计报告》得知，到2015年中旬，我国网络视频的用户使用量已经高达4.61亿，同比增加了2823万，网上的视频用户使用率高达69.1%；到2016年末，增加了2.3个百分点。据有关调查显示，当下的网民尤其习惯用手机来完整地观看电视剧或电影。相反，由于目前电子设备市场的快速发展，手机的使用时间已经缩水很多。年轻人的使用工具更为多元化，诸如平板电脑等，借助这些智能设备来阅读新闻、观看视频。从上述研究来看，我国网民借助移动互联网和手机等移动终端来访问视频网站的数量在不断攀升，人们对互联网和智能终端的依赖性更高，程度也更深。

风雅颂扬文化传播集团对此有比较前卫的认识，认为"互联网+"的时代已经到来，促进企业发展的机会需要抓住。在需求决定供给原则的指导下，公司认为需要不断适应市场变化，才能赢得生存与发展的机会。为此，风雅颂扬文化传播集团需要励志图新，保持互联网时代的不断跟进与发展。

（四）技术环境分析

新媒体产业伴随科技进步而获得了更高速的成长。2014年，"宽带中国"战略已经取得了卓越的成绩。在固定宽带领域，光纤户与办公室的用户量实现净增2749.3万。4G（第四代通信技术）下载速度和上传速度也大大提升。在视频编码与传输技术方面都实现了大幅升级。在H.265和AVS+（Audio Video Coding Standard，音频和视频编码标准）音频和视频编码压缩技术的基础上，对DASH自适应流媒体协议予以优化和大规模推广应用，使视频HD的要求得以满足。大数据能够对微博与微信发布的文本、图片和视频等信息予以解析。

对于风雅颂扬文化传播集团而言，新媒体技术的进步并非全都是优势，也有不足。风雅颂扬文化传播集团未来致力于新媒体领域会受到其很大程度的影响和挑战。能否对新媒体技术做好科学把握和应用，成为集团力主推行的新媒体战略能否获得成功的重要一环。而且，过去的技术平台将逐步升级为新的媒体平台，这将带来技术创新的发展契机，对广播电视企业提供的技术和设备进行优势利用，对现有的技术做好改造升级。以此为前提，借助最尖端的新媒体技术构建起媒体平台，促使风雅颂扬文化传播集团能够进行多元化拓展，进而发展成为新媒体企业。

三、风雅颂扬文化传播集团竞争环境波特五力模型分析

波特五力模型分析法是竞争环境分析的最常用方法之一。波特五力模型分析法中的"五股力量"是决定竞争规模和程度的五种力量。新媒体产业竞争环境比普通产业复杂，身处产业链中的企业都具有竞争关系。

新媒体业务形式包括IPTV，移动互联网音频和视频，视频网站，移动多媒体广播电视，网络电视，移动电视和公共音频、视频载体。自党的十八大以来，国家新闻出版广电总局坚持网上网下统一标准，加大了对新媒体视听的监管要求。如今，获得批准运营的互联网电视综合广播平台运营商有7家，具体是中央电视台中国互联网电视台、中央人民广播电视台、中央广播电视网和中国国际广播电视台、浙江电视台和杭州广播电视台合资公司中国数字媒体、湖南卫视、上海百视通、南方传媒。除了平台运营商，另有14家服务运营商，开拓内容生产和运营服务。网络运营商、内容提供商、内容集成运营商、终端设备提供商和用户等共同组成整个产业链。

在波特五力模型中，买方的议价能力主要取决于市场供求关系，本章从其他四个方面分析风雅颂扬文化传播集团的市场竞争环境。

（一）供应商的议价能力

现阶段，文化类集团公司由于受相对狭窄的业务范围影响，一般而言选择的供应商主要是设计类型的公司。此类公司需要有过硬的针对某项工作的专项业务能力。如风雅颂扬文化传播集团的推广端口服务由享有科技有限公司提供；而张俊设计工作室以客户满意为标准对风雅颂扬文化传播集团承揽的广告业务进行创意设计和包装。这两个供应商分别对应的也正是风雅颂扬文化传播集团的两大主营业务，通过稳定的合作受到集团广泛的认可，进而使合作关系更为紧密。特别是保持了比较平稳的供应价格，报价普遍低于杭州地区该项业务的平均水平，大大降低了风雅颂扬文化传播集团在这两方面业务的成本。

（二）潜在竞争者的进入能力

在广告和咨询占据主要商业市场的传统文化传播领域，市场业务并不困

难。成本较低的特点使入门该类行业的基本门槛不高，而文化传播市场的开放，使社会需求与市场份额迅速增加，经济收益的增加使其潜在竞争者也在短时间内激增。风雅颂扬文化传播集团目前处于发展阶段，对潜在竞争者尚难采取实质性的应对策略，难以阻止新企业的进入。随着行业竞争者的不断增加，公司未来发展所面临的竞争对手越来越多。

（三）替代品的替代能力

在杭州，从事文化传播行业的企业数量不少，业务相似度比较高，尚未形成更具产品特色和品类细分的专业体系。伴随互联网的进步，新媒体在高速拓展中也给传统文化传播业造成了很大的压力。实体广告市场大量充斥着计算机、智能手机及新媒体等行业的广告，物理媒体已经开始转变为虚拟媒体，对于广告受众而言，物理媒体将不再是唯一的终点站。传统媒体与新媒体相比，它仍然保持着内容制作和品牌传播的优势，但新媒体也表现出广泛的沟通渠道和强大的技术特征。风雅颂扬文化传播集团的广告主打特色是个性化服务，兼容实体媒介和虚拟媒介，以互联网与户外实体媒介、展示会等多种线上、线下结合起来的方法提供更全面的服务，以实现更全面的广告覆盖。而在企业营销咨询业务上则显得较为滞后，其供给的咨询产品仅仅是广告项目的附属品，基本不具备市场竞争力。

（四）行业内竞争者的竞争力

2018年，杭州的国内生产总值同比增长了11.5%。当地的文化产业布局较晚，在发展过程中表现乏力。伴随日益加剧的行业竞争，众多文化传播公司逐步向子公司的模式过渡，有些公司倾向于提供咨询服务，有的倾向于互联网通信，已然各自形成特性，形成了各自的竞争优势。风雅颂扬文化传播集团成立时间较晚，在专业方面，与其他公司相比，技术创新能力较弱，市场占有率较低，经营特色不明显。

四、风雅颂扬文化传播集团发展新媒体的内部条件分析

（一）人力资源分析

风雅颂扬文化传播集团员工中26~36岁的员工占总人数的38.7%，年龄分布比例最大；本科以上学历员工占总人数的77.8%。可以看出，风雅颂扬文化传播集团员工的特点是年轻、学历高、质量高。在生产创作方面，集团目前

共有主创人员 75 人。集团共有员工 580 人，其中集团总部 120 人，其余 460 人分布在其他全资或控股公司。风雅颂扬文化传播集团每年的展馆制作及节目生产能力在省内领先，公司创意团队的规模和实力已达到省内先进水平。大多数创始人在陈列布展、担任记者或编辑方面拥有丰富的经验，是风雅颂扬文化传播集团竞争力的主要体现。

（二）资金资源分析

作为文化传播企业的风雅颂扬文化传播集团，在政策上无法享受国家的财政补贴和拨款等相关优惠，属于完全自负盈亏企业。最近 4 年，集团在自身不断积极开拓、奋进发展的带动下，实现年超 1 亿元的营业收入，基本是主营业务电影与电视产品所产生的。其收入来源比例最大为国家部委、地方政府或企业合作生产的影视产品，特别是举办一些央视节目和专栏。风雅颂扬文化传播集团盈利模式的主要问题在于收入渠道比较单一化，盈利渠道质量较高但过于集中，未来存在极大的商业风险和未知性。为此，不断拓展业务渠道、健全业务系统是集团最迫切的发展需求。

（三）技术资源分析

相对于行业内其他同行企业，风雅颂扬文化传播集团在音视频技术资源方面具有明显优势。公司在技术资源建设中投入大量成本，在购买胶片相机、数字高清便携式摄像机等方面投入了大量资金，并配备了 3 套胶片数字化、5 套音频制作、数字高清编辑系统及电视、电影的照明和录制等设备。为匹配集团的数字支付渠道，它还拥有数字电视上传和广播传输系统。近年来，公司一直在积极推动外语课程的制作，并能够翻译和制作世界主要语言的节目，如英语、西班牙语、德语、法语、俄语和阿拉伯语等。

（四）核心能力资源

1. 独一无二的内容资源

风雅颂扬文化传播集团在文化传播领域已经有了数十年的奋斗经验，本身也积累了众多日常节目的相关资源，并保存了中华人民共和国成立以来某些时期的图像视频资料，内容几乎涵盖了国家社会发展的各个方面。这些都是珍贵的历史材料和视频材料，这些材料是独特的，难以重新获得。

2. 庞大的创意团队

风雅颂扬文化传播集团的创意团队人数超过员工总数的 60%。编辑、影视技术和摄影构成了创作团队的三大主要部分。大多数编辑团队拥有独立策划纪录片、电影和电视节目的经验和能力。数百名摄影团队成员参与了国内外电影电视剧、纪录片、国庆阅兵、各类重大事件和活动甚至突发状况的拍摄工作。电视与电影技术人员擅长电影和电视节目的后期制作，并且对主流的数字编辑系统尤为擅长，成为影视节目制作与后期剪辑的重要技术保证。庞大的创作团队是风雅颂扬文化传播集团内容产出的重要基础与最厚实的保障。

五、风雅颂扬文化传播集团新媒体战略的 SWOT 分析

（一）优势分析

本章借助前文所分析的风雅颂扬文化传播集团在人力、资金、技术和核心能力等方面资源的内部条件，能够推测该集团在未来实施新媒体战略方面有着较大的优势。

1. 独特的内容资源优势

目前风雅颂扬文化传播集团持有很多独立版权和受版权保护的视频、电视节目、电影和电视作品以及音频节目，超过 150000 个小时。

2. 巨大的创意团队优势

该集团的创意技术人才众多，其中中高级专业人才在集团员工中占比超过 60%，且以高学历的年轻员工为主。

3. 良好的财务状况

该集团保持年营业额在 1 亿元以上。

4. 拥有完备的影视制作系统

风雅颂扬文化传播集团具有能够适应各类节目拍摄需要的前后期制作设备，能够胜任目前所有类型的影视内容制作要求。

5. 拥有新媒体平台

作为风雅颂扬文化传播集团的网站风雅颂扬网，是由集团牵头新媒体部门建立的。尽管现阶段还停留在发展初期，但是随着公司新媒体战略的逐渐实施与推进，集团大量的人力、物力都将注入到这个平台中。

（二）劣势分析

作为有相关历史背景的传统文化影视单位，风雅颂扬文化传播集团未来拓展新媒体领域也一定存在部分劣势。

1. 新媒体平台数量不多、类型简单且建设进展迟缓

目前，风雅颂扬文化传播集团的新媒体业务只有唯一一个平台——风雅颂扬网，仅覆盖以计算机作为终端的受众。针对移动互联网用户建设的移动终端平台仍处于筹备阶段，集团新媒体平台建设迟缓的很大原因在于过去传统影视节目仍是公司的主营业务，对其生产投入的资金量占集团总支出的大多数，致使其他方面资金短缺，而新媒体要发展起来急需强大资本的支持。

2. 欠缺具备互联网思维的实践型人才和擅长新媒体技术的专业人才

风雅颂扬文化传播集团的传统电影和电视的商业模式已经制度化，几十年的固有发展模式也使其思维固化，固化的经营管理模式已经长期主导公司的经营，很难在短时间内做出有效的改变。管理人员的经营思维和技术人员的构成也都为传统影视制作服务，还不能适应新媒体运营，也缺少能够进行新媒体业务维护的技术人员。

3. 新媒体内容偏少

相对于丰富的传统内容储存量，风雅颂扬网的视频内容显得过少，缺少丰富的内容基础，在内容版块的设置方面也很简单，导致用户体验差、忠诚度低、网民的关注较少。风雅颂扬网的部分产品目前由集团有关计划部门进行，多数内容由这些部门进行上传，以节目视频居多。各节目部对上传到网站的内容没有统一的计划，内容形式分散且杂乱。因为受集团过去经营业务内容和网站眼下的定位所限制，网站内容主要以浓郁的文化历史题材为主，缺少年轻用户尤其是新媒体主流用户最偏爱的娱乐性和互动性版块，难以吸引新媒体行业的核心用户。

4. 新媒体缺乏盈利模式

因为网站内容不多，难以引起用户的广泛关注，也就缺乏流量，风雅颂扬网短期内很难形成良性的盈利模式。由于软硬件投入成本较高，运营费用较大，导致风雅颂扬网长时间陷入投入多、没有产出与经济盈利的状态。

（三）机会分析

（1）国家对科技产业和文化产业政策的支持有所增加，新媒体产业市场是两者融合的产物，已经见证了发展的曙光。2009 年国务院颁布的"文化产业振兴规划"为移动多媒体广播电视、网络广播电视等高科技技术的发展提供了支持和政策基础，规划了以加大政府投入、设立专门资金、加大资金支持、提供税收优惠以及降低准入标准等举措为核心的扶持政策。

（2）风雅颂扬文化传播集团作为大型企业，得到了上级有关部门的重视，

并在新媒体业务方面得到上级有关部门的大力扶持，很可能在以后获得内容整合许可及互联网电视整合业务的许可。

（3）经过多年的发展，中国新媒体产业的环境不断改善，拥有了更加完整的产业链，而且整个行业更为成熟。风雅颂扬文化团队可以通过对行业的深入分析以及对自身整体实力、能力的分析，明确未来自身发展过程中存在的一系列问题，最终明确自身在产业链条中的竞争位置，找出适合自身的发展道路。

（四）威胁分析

1. 新媒体视频市场格局基本形成

在市场结构方面，主要的竞争威胁来自强大的同业团体和跨产业集团。腾讯等国内主流的网络公司和一些代表性的视频网站，已经对新媒体市场完成了占领分割。它们在该领域市场上占据绝对优势和较大份额。其他中小网站和公司很难再进来并与其势均力敌。无论整个市场如何变化，大部分市场份额和收入都将被具有垄断地位的大型视频网站所垄断，并将对定价过程产生重要影响。

2. 新媒体运营成本高，开发新媒体所需的资金量很大

新媒体网站现阶段营利能力低，运营需要大量资金支持，这也是行业特征决定的，因为没有版权投入难以吸引用户，没有用户等于没有收入，所以对版权内容的投入必须坚持进行。但视频网站70%的收入来自广告而非受版权保护的内容的直接收入。

移动视频如此迅速的发展，对现有的网站视频平台造成了一些明显的影响。2014年，使用手机观看在线视频的用户比例达到71.9%，移动视频正式统治了网络视频领域。移动网络领域的客户已经超过了传统网络领域，大部分视频用户已经转移到移动设备，智能手机已成为主要的观看视频的工具。移动应用也将逐渐替代传统视频网站。而目前风雅颂扬文化传播集团尚没有自己的移动端APP，在形式上就已经落后了，这也将导致其在新媒体的竞争中难以占据优势。

（五）风雅颂扬文化传播集团SWOT战略分析表

风雅颂扬文化传播集团SWOT战略分析表见表1-1。

表 1-1 风雅颂扬文化传播集团 SWOT 战略分析

内部因素 外部因素	优势——S 1. 独一无二的内容资源优势 2. 良好的财务状况 3. 庞大的创作队伍优势 4. 新媒体平台风雅颂扬网 5. 完备的影视制作系统	劣势——W 1. 新媒体行业运营人才缺乏 2. 新媒体建设进展缓慢 3. 没有盈利模式 4. 网民关注少
机会——O 1. 新媒体产业市场前景广阔 2. 新媒体产业链条完善 3. 属广电系统企业	SO 战略 实施多元化战略,在现有内容资源的基础上,全面推进"泛娱乐化"节目类型的开发	WO 战略 整体化战略实施,整合各级供应室、运营商、制造商、分包商作为新媒体战略发展业务的各项基础
威胁——T 1. 移动视频发展速度远超网站视频 2. 新媒体运营成本高,资金需求大 3. 新媒体的市场格局已然形成	ST 战略 实施多元化战略,把风雅颂扬网作为业务基础平台,引入移动终端 APP 与 OTTTV 等新的新媒体传播形式	WT 战略 1. 加强新媒体人才培养 2. 实施投融资战略 3. 进行业务创新 4. 加强管理 5. 培育企业文化

第四节 风雅颂扬文化传播集团新媒体发展战略选择

一、战略目标与战略定位

作为影视文化公司,风雅颂扬文化传播集团的发展目标,一直是制作和推广优秀的影视、音频作品,用作品中所透露的核心价值、文化内涵对民众的价值观进行正面引导,并对民众的精神生活进行丰富,这是集团目前最为重要的发展目标。而新媒体迅速发展后,不同类型的媒体彼此融合,新的变化也促使集团以开发新技术、创建新平台、创造新内容作为主要发展路线和指导方针,将集团转变为适应新媒体时代需求的大型企业,运营新媒体行业。

(一)战略目标

(1)短期目标:对建立的新媒体播放平台尽快完善并重点打造其中的互

动服务平台。新媒体播放平台中的内容和资源要尽可能丰富，形式上也要多种多样，更加能够吸引用户群体；努力发展新的用户群体，拓展以往用户范围，让更多人接受该新媒体播放平台；拓宽融资渠道，充裕资金，加强人才队伍建设，从而提高整个新媒体运营的质量，增强风雅颂扬文化传播集团在新媒体方面的总体实力。

（2）长期目标：探索出一条适合集团特点的新媒体发展路径，并探索完善的盈利模式，从而使新媒体成为集团一块牢固的产业领域；培育适应新媒体发展的内部管理体系，整合相关上下游企业，打造一条完善的新媒体产业链与生态系统，最终建立起一个良好的新媒体品牌。

（二）战略定位

通过对风雅颂扬文化传播集团外部环境、行业环境、内部环境和新媒体发展的SWOT分析，得出结论：基于业务多元化战略，以产业整合战略为辅的新媒体战略更加适合风雅颂扬文化传播集团。新媒体发展的核心战略应当是业务上的多元化，从而为产业整合战略提供一个方向，产业整合也将为行业发展提供保障，它也是新媒体在上下游产业链延伸的主要推动力。近年来，在影视文化产品的创作和推广方面，集团付出了诸多努力，通过提升团队的创作能力，生产了许多优秀的影视文化产品，扩大各项影视业资源的基础整合，在适当的时机以正确的途径进入新媒体行业。

二、风雅颂扬文化传播集团新媒体发展战略

（一）业务多元化战略

多元化战略意味着经营商可以获得长期稳定的收益，经营持续性也将较强。公司可以对有开发潜力的产品有意识地进行开发，从而能够丰富整个产品群组。现阶段，公司多元化战略主要集中在多媒体领域，具体呈现为新媒体业务平台的多样化和新媒体节目的多样化。节目的多样化主要基于文化传播小组目前和以往保留的部分节目，还需要日益扩大的创作队伍来提供新的内容，需要积极调动用户的热情，使用户能够参与到平台建设中来，开发一些新活动，创建各种类型的节目，帮助增加点击次数，使平台现有的节目类型更加丰富，开发出不同风格的多样化节目，构建更具互动性的多元化新媒体服务平台。

1. 新媒体节目的多样化

我国的网络视频发展十分迅速，未来仍具有很强的增长潜力，这也是一些

研究机构在研究后所得出的一个结论。虽然网络视频发展迅速，视频网站的发展态势也很好，但问题的存在也同样明显，比如视频版权存在瑕疵、盈利模式单一等。版权费用的不断增加以及国家在线视频监控政策和法规的不断完善，导致中国视频网站行业反复重组。据不完全统计，视频网站淘汰率已达90%，几年前的300多家网站存留至今的只有20多家。而留下的这些视频网站都是在长期残酷竞争中幸存下来的，它们资金雄厚、技术丰富，而且拥有大量内容资源，在行业中处于领导者地位，对新进入者造成很大压力。当下我国视频网站的内容主要来自两个方面，一方面是一些影视专业公司制作的内容，这些内容为网站提供盈利的方式主要是广告收入和版权分销，另一方面则是非专业单位提供的内容，获得盈利的方式大致类似前者。风雅颂扬网作为当下风雅颂扬文化传播集团全力打造的一个新媒体平台，其网站内容以本集团出品的影视作品为主，具体作品模块包括：电影台、纪录片台、戏曲台、时尚台、网剧台、历史公社、文化公社、科学和教育公社等。由于在开发过程中积累的资源条件限制，从网站的整体运作来看，网站的内容偏向于文化纪录性质的内容，节目形式比较单一，盈利模式匮乏。要摆脱网站目前所处的两难境地，风雅颂扬文化传播集团应增加新媒体的内容开发，以内容吸引更多的用户。

第一，整合现有节目资源。当下几乎所有视频网站积累节目内容的主要方式都是购买节目网络版权。市场需求的增加，导致电影和电视节目的版权费迅速增加，致使相当一部分中小型视频网站无法承担高额费用或被迫侵犯版权，非法获取内容免费播放并因此受到惩处而退出竞争。由于风雅颂扬文化传播集团资本投资主要用于业务运营和项目创建，因此，高价值在线版权费的支付在一定程度上降低了企业运营负担。风雅颂扬文化传播集团本身就具有良好摄制影视节目的经营资质，集团出品的影视作品每年可以达到近1000个小时，并且凭借累积的创意储备，网站上可用的作品总内容可以达到10000个小时以上，完成电影的长度有望达到10000个小时，这些作品可以在数字化后投放，在视频网站中进行播放。在这些作品澄清了版权、明确了收入分配后，可增加风雅颂扬文化传播集团的文化资源，确保了基本节目量。这些节目资源为集团多元化战略实施奠定了良好的基础。

第二，开发自制内容。我国视频类平台引入节目的主要方式是版权分销，但它会让不同视频的内容同质化，比如用户几乎可以在几个主要平台上欣赏到同一综艺节目，热门类型视频更是在各大视频网站不断出现在页面顶部，替换率过高。购买分布式节目版权可以在一定程度上降低采购成本，但相比大型平台独家推出的流行剧,这只能算是一个中小型网站的无奈之举。同一个节目能够创造的收益是恒定的,越多网站引入版权,各个网站从中获得收益就越少,而且这种情况下,用户就很难将注意力集中在一个网站上,网站就无法拥有足够的盈利能力。因此,近年来,规划和生产能力较强的一些平台开始自制项目,并加强原创内容的开发。以爱奇艺为代表的视频网站开始注重生产计划的内容。通过建立高水平的创作队伍,或者和其他网站联合,来生产达到电视台播放水准的各类节目。一些自制的综艺节目和自制电视剧凭此获得了良好的声誉和经济效益。

风雅颂扬文化传播集团应利用其现有的创意和制作人才资源,组建一批规划小组或项目小组,分析目前在各种平台上播放的节目,并选择一些可以模仿、研究和复制的节目。比如制作一些成本不高的综艺节目,吸引投资或广告;和其他主体合作拍摄,提高网民关注度和社会舆论评价;收集一些广受好评的高分剧集。风雅颂扬网还可以利用云技术分析用户的观看偏好、持续时间、习惯等反馈信息,从而生成满足平台用户偏好的一批电影和电视节目。人气旺盛的热门节目可以卖给电视台,获取多种收益。对于能够达到"现象级"并有粉丝讨论度的产品,可改编制作成电影进入院线争取新的市场。

第三,鼓励用户原创内容。UGC(用户生成内容)是指用户通过互联网平台创作了原始作品,然后再把它提供给别的用户,包括内容的消费者和内容的制作者。从原来的简单下载到下载和上传并重。用户生成的内容来自两个主要方面:创意和概念,包括导演、表演、编辑等,包括但不限于微电影作品和生活记录、紧急情况、新闻或以生活为重点的音乐、视频内容。全球第三大网站 YouTube 就是依靠给用户提供自行上传和分享原创视频的平台而大获成功。它不断收集用户数据,寻找市场规律,转换为内容制作人并最终成为原始内容提供者。这条道路开辟了新的商业模式。

风雅颂扬网通过对现有内容资源的依托,加强人力资源建设,发挥自身品牌优势,结合国内已有的先进成功经验,可以通过自制作品与用户分享作品两种方式来增加网站内容的丰富程度,并通过组织活动或者比赛,提高网民的关注度和参与度,对过程中出现有商业价值的微电影作品可以通过低价购买来垄断专有权。在增加风雅颂扬网的用户微视频分享功能的同时,健全审核审查制度,加强审查程序,避免严重问题的产生,如版权纠纷或违反法律法规、粗俗和不健康的内容。

2. 新媒体业务平台多元化

第一,新媒体促使新平台不断以更多的方式出现。随着技术装备的优势显现，移动视频的市场份额越来越高。网络的迅速发展对于该行业未来的市场布局和行业主体发展起着决定性的作用。移动视频客户端已成为视频网站的必要配置，对于受众而言比计算机客户端更为重要。

用户对移动APP越来越依赖，甚至许多用户已经只通过手机来观看视频。腾讯视频指数显示，视频节目业务的80%来自移动端。在这种变化下，制作"现象级"产品无疑是文化传播集团新媒体战略的重要组成部分，新媒体业务是否已扩展到移动新媒体业务领域是未来能否占领市场份额的决定因素。加强对移动视频APP软件的开发，增强社会交往功能，提高用户观看黏性尤为重要。由于移动视频应用的用户有明显的聚集特性，绝大部分用户只集中在市场排名靠前的应用之中，公司要设立专门团队进行视频APP软件的营销、开发和维护，并不断更新软件功能，为其开发新的节目，软件设计上也要重视和用户的互动，从而让用户获得更好的体验。

第二，互联网电视业务。过去五年，由于OTT技术迅速发展，配合多屏技术，OTT技术也可以在移动终端上使用，而并不是只能在计算机上使用。当然，我国对互联网电视采取十分严格的监管，所以并不是所有企业都能够轻易进入该领域，要进入该领域，必须要在相关部门提出申请，获得访问许可证。此外，互联网电视集成平台本身的建设上也更加复杂，相对普通的新媒体平台而言，对资金和专业人员的要求更高。要进入到这个领域，必须要进行详细周密规划，做好出发准备。事实上，能否成为互联网电视持牌人，是衡量未来新媒体战略成败的重要指标之一。制定新媒体多元化战略，会对现有的网站服务内容做重新要求，要求服务内容更加丰富多彩。多种类型的新媒体视频服务平台如果能够更好地结合起来，将有利于实现共同发展，推进行业的整体进步。

（二）产业整合战略

为了创造具有自身特色的新媒体生态，风雅颂扬文化传媒集团实施了新的媒体产业整合战略，完成了内容制作到平台整合和网络传输双向协调，再到终端设备制造以及外部应用开发的完整产业生态链条，实现了从内容到应用的全覆盖。

1. 掌握节目内容生产机构

新媒体产业发展的决定性因素是媒体内容，内容决定了新媒体产业的生存和发展。风雅颂扬文化传播集团在未来的新媒体建设中，拥有足够数量的平台内容至关重要，但是如果完全依赖自身制作和网民提供的作品，则无法满足用户群体的个性化需求。所以，风雅颂扬文化传播集团还是要在坚持高端产品为主的同时,扩大获得更多作品内容的渠道,推出具有新媒体特色、受"现象层面"影响的品牌产品,将受版权保护的综艺节目和影视产品融入手机 APP 和互联网电视,优化集团的新媒体生态圈,建立完善的新媒体平台以及内容架构。

2. 构建新媒体 4G 生态系统

当下,推动电信企业的战略转型和业务整合已成为行业发展的主旋律。风雅颂扬文化传播集团可以考虑与电信企业加强合作深度,共建 4G 生态系统;还可以借助通信运营商的技术力量,与其合作,共同开发云平台,并实现个性化和多屏服务,满足云平台用户的需求。对于风雅颂扬文化传播集团来说,运营商的管道服务可以最大限度地提高用户的增值服务,对于电信运营商来说,可实现业务转型的真正需求,同时也能从根本利益出发实现双赢。根据风雅颂扬文化传播集团目前的新媒体产业发展状况来看,风雅颂扬文化传播集团要在以下三个方面加强建设:

第一,寻求政府部门的政策支持,利用互联网红利政策建立以用户服务为主题的新型新媒体平台。风雅颂扬文化传播集团要利用国家相关政策扶持,与网络企业或电信应营商共同开发建立新的新媒体平台。

第二,抓住移动互联网技术突破的机遇,努力提供满足市场需求的内容和服务。集团制订移动 APP 开发计划,从 APP 开发初期开始推动移动客户端,加快适应移动互联网发展趋势的移动客户端 APP 的发展。

第三,提高内容制作水平。通过整合现有的内部影视资源,自制影视产品,鼓励用户创建新产品,提升集团的生产速度,增强新内容。根据"内容为王"的发展理念,媒体内容要丰富,但更重要的是质量上要提升。不断吸收互联网技术,借助自己在电视服务行业的优势,加强和其他相关行业主体的合作,不断提高自有平台作品的质量,丰富平台作品的内容。

第五节 风雅颂扬文化传播集团新媒体发展战略实施

一、新媒体投融资战略

目前,风雅颂扬文化传播集团新媒体资本主要由本集团自身提供,资金来源渠道单一,在新媒体的发展上只能进行基本的投资操作,难以满足公司的新媒体多元化发展要求。公司只有在资金的获取上拓宽路径,强化对外融资,获得外界资金支持,才能为新媒体业务的发展提供强大的资金支持。

(一) 建立健全多元的投融资渠道

1. 节目众筹

所谓的"众筹"即公共筹款,是从外国词汇中翻译出来的。其主要构成包括平台、跟投人和发起人。"众筹"是一种门槛极低、样式繁多且主要依靠社会公众力量的大众募资行为。用以支撑发起募资的个人与组织,通常是赞助者和提案者的网络连接平台。"众筹"现阶段存在股权类众筹、债权类众筹、回报类众筹和捐赠类众筹几种形式。影视类节目获得众筹最常用的方法是回报众筹,在项目前期筹集资金,许诺投资者良好的回报率。这种模式最好在规划阶段实施。目前,中国的众筹网络是一个规模庞大、声誉良好的众筹平台。风雅颂扬网利用投资者的资金启动节目策划实施,然后分阶段通过影视项目众筹形式在众筹平台上发布。而节目组在录制节目中会邀请投资者与明星以及其他编创人员一同录制,或者为客户提供平台的会员账户,客户可以观看更多节目,以及获得节目中明星嘉宾的签名和照片,作为对投资者的回报。众筹可以为项目组带来财务支持,既可以满足节目发布会所需的启动资金,又能从中了解到投资者对节目的认可程度,以便后续与投资者的继续合作。通过众筹可以掌握投资者对节目的态度,大致了解观众对此节目的接受程度,因此可以将回报类众筹作为检验节目受欢迎程度的有效手段。

2. 权益融资

企业融资有三种渠道:自有资金、外部借款和权益融资。公司自有资金有其固有的特点,通过内部业务积累,融资成本低,没有利息压力。外部借款,无论是融资融券还是向银行借款,虽然能够为集团减少税收,但是财务的杠杆效应也会出现,会产生付息压力。权益融资是通过扩大企业的所有权益,如吸引新的投资者、发行新股、追加投资等来实现,而不是出让所有权益,权益融资的后果是稀释了原有投资者对企业的控制权。综合评估来看,权益融资应该是风雅颂扬文化传播集团目前的最佳融资选项。集团可以通过成立新媒体公司满足本集团股权融资条件,通过在"新三板"上市,实现权益融资目标。

3. 并购战略

并购是合并和收购的集体名称。合并是指两家或多家独立的公司合并成一家公司,通常是领先企业合并其他企业。2012 年,Youku.com 和 Tudou.com

宣布合并，新名称为优酷土豆。2013年，百度实现了对PPS的收购和与爱奇艺的合并。百度收购PPS的目的是利用其庞大的客户群体以及良好的客户黏度来抢占移动视频市场。2015年，优酷土豆又再次被阿里巴巴收购，原有的视频内容和阿里巴巴所经营的各类业务结合起来，彼此优势都充分发挥出来。

为了顺利实施新媒体发展战略，风雅颂扬文化传播集团可以采用混合并购方式，增强对企业产业链上下游公司的股份收购，以奠定其在整个产业链的优势，增强在本领域的实力。具体来说，这种收购有利于扩大本集团新媒体业务的生产能力，通过与互联网相关业务公司合作，可以补充相关专业的技术人才，加强风雅颂扬文化传播集团网络端、移动终端APP和大数据技术的开发和维护，从而加强对新媒体终端的控制。

（二）构建有效的风险防控机制

1. 财务尽职调查

财务尽职调查是对企业财务报表和其他财务信息的审查，以确定关键和重要的财务因素。尽职调查小组通过资料审阅、分析性程序、访谈、内部沟通等手段，了解企业财务运营状况，保证企业内部财务公正合法，杜绝以及预防企业财务风险的出现。

2. 业务尽职调查

业务尽职调查主要是调查目标公司的背景、公司的情况、历史、公司的组织结构、产品的生产和研发、管理人员的地位和公司的员工等，包括：管理人员和员工的年龄结构、职位、分配结构、教育水平结构和技术职称分配结构；产品生产和销售；技术研发能力；合作机构名单和简报；合作产品现状或研发；年度研发费用率；开发新技术和新产品；产品专利和奖项；产品开发周期、未来计划开发的技术和产品等尽职调查，防范企业内部业务分配不均衡导致的部门臃肿或者部门人才发展的"瓶颈"。

3. 法律尽职调查

法律尽职调查是指在公司并购、证券发行等重大公司行为中，由律师进行的对目标公司的主体合法性、企业资质、资产和负债、对外担保等一系列法律问题的调查。由于财务和业务尽职调查是公司确定盈利能力的一种手段，并且是公司实施投资和融资行动的前提，在投资和融资过程中，公司倾向于更加关注财务和业务的尽职调查，忽视法律方面的尽职调查。但是，就投融资安全方面而言，在大型社会环境中进行法律尽职调查更加重要，不容忽视，它能够更好地保护交易主体权益，保护交易双方的合法利益，可以使公司避免潜在的法律风险。

二、新媒体人才培养战略

（一）打造多元化高素质人才队伍

新媒体的高速发展带来的是对传统媒体行业相关产业生存空间的挤压，媒体转型已经势不可当。打造掌握新媒体技术、了解新媒体市场需求、把握新媒体发展规律的多元化高素质的新媒体人才队伍是风雅颂扬文化传播集团实现公司发展战略的重要环节。集团新媒体人才建设，可以从培养现有员工和引进专业人才两个部分进行。

1. 培养现有员工

（1）培养跨媒体创作思维。跨媒体创作思维的培养，重点在于对新媒体主题的深入了解，需要学习储备大量的基础知识，才能在面对不同媒体主题的情况下，快速提出多种不同角度的构思。

（2）培养产品思维。新媒体时代下的产品思维培养都应该以完整的用户体验为主导，在新媒体时代产品的核心思维是将传统媒体的性能改造为服务和社交功能的用户需求。

（3）培养用户思维。用户思维是指新媒体在发展过程中要重视用户地位，在内容传播上要以用户作为驱动主体推动新媒体时代发展的原动力。用户思维需要培养员工的用户群体的分析研判能力，全面把控用户运营全过程。

（4）培养互联网技术思维。互联网技术思维不单单是技术人员的专属，现代新媒体创作人、媒体节目编导制作人都应该具备在创作伊始就有着节目内容结合互联网技术推广的先导思维能力。

（5）培养数字思维。新媒体是基于互联网的大数据媒体。培养员工的数字思维就需要员工掌握大数据的基本知识，具有敏锐的大数据嗅觉，能在大数据繁杂的媒体市场中，分析提炼出所需要的相关数据。

2. 引进专业人才

长期受到传统业务的意识影响，风雅颂扬文化传播集团管理者和其他工作人员不能及时改变已有的经营理念和工作方式，难以摆脱传统影视文化企业的思维模式，需要一个长期和渐进的过程来培养现有员工的新媒体意识。因此，集团急需引进人才，建立一支专业化能力强的新媒体精英队伍。

(1) 引进新媒体经营管理人才。当前新媒体的发展趋势是对多个产业进行覆盖，通过多种技术的支持而不断自我创新，丰富自身形式，以便满足用户的需要。不同于传统的影视公司，新媒体公司的发展比较自由，而且可以充分利用借鉴互联网中的丰富案例。因此，风雅颂扬文化传播集团要大力吸引优秀的互联网管理人才，通过其加入而增强自身实力，加深对新媒体市场的探索，在企业利润和用户体验中寻找平衡点。

(2) 招募新媒体技术人才。新媒体技术涵盖的范围远远超过传统媒体。在新媒体时代，技术人才需要学习的专业技能基本涵盖了所有声光电相关的领域，传统影视类行业从业人员往往无法迅速适应已经发生的变化。因此，通过多种渠道，下大力气招聘、引进新媒体技术人才，成为风雅颂扬文化传播集团推动新媒体业务发展的当务之急。

(3) 引进优秀的综艺节目策划人。综艺类节目有广泛的市场，而风雅颂扬文化传播集团制作的产品更专注于电影、电视剧和纪录片，缺乏综艺类节目。导致这一问题的主要原因是公司缺乏擅长综艺节目的编辑。为在综艺类节目市场中占有一席之地，集团除了在内部发掘综艺类节目创作人才外，还应通过多种途径招聘社会媒体行业综艺节目精英人才，或者从地方电视台以及影视制作团队寻求拥有独立制作能力、把握用户需求的综艺编导人才以及媒体人。

（二）建立员工激励机制

马斯洛建立了人的需求层次理论，指出人在不同阶段会有不同需求，在一个较低层面的需求被满足以后，就会寻求较高层面需求的满足，已经被满足的较低层面需求不会再对人的行为起到决定性作用，而会被另一个更高的动机主导行为。因此，为了激励员工，有必要了解员工的需求水平，努力达到这个水平或更高水平需求。

风雅颂扬文化传播集团新媒体涉及大量层级的员工，应根据不同的位置建立具体而详细的员工激励系统。

现阶段，更加合理的薪酬制度对于风雅颂扬文化传播集团来说至关重要。此外，鲜明的奖惩制作、公正的选拔制度也至关重要。

三、新媒体业务创新战略

（一）以用户体验为核心

用户体验（User Experience）是用户在对产品或服务享受的过程中获得的

一种主观感受。这种主观感受体现在价值上、情感上和感觉上的满意度。风雅颂扬文化传播集团通过挖掘分析风雅颂扬网和 APP 用户行为，对用户进行分类，根据不同用户的需求和习惯来推动节目的制作。风雅颂扬网与移动应用和社交媒体集成增强了时效性及对用户社交互动的忠诚度，提高了用户的参与度和体验度。风雅颂扬网和移动端 APP 的设计要加强对用户类型的分析，以用户体验为导向，满足不同类型用户的需求，以在多元化的新媒体市场中获得更多用户的关注。大力输出实时互动、网上投票、评论文章和其他直接内容交互，使用微信转发，并注意间接的互动活动，如微信公众号的文章发布，满足客户的交互需求，激发其主动性、创造性。

（二）围绕用户需求制订计划

围绕用户需求开发程序，要求通过分析用户点击量，计划的内容应基于用户的大数据分析，针对不同的用户群体制定相应的节目内容和节目的类别，并且根据爱好和不同的需求将用户进行不同的归类。例如，中年和老年用户对健康、保健类型的访谈类节目有较高的关注度；而年轻观众对综艺节目或偶像剧有很大的关注度。因此，节目规划和生产必须围绕用户的需求展开，不断满足不同类型用户的需求。

四、新媒体文化聚力战略

（一）建立与战略相匹配的企业文化

哈佛大学 Rens Deere 教授和麦肯锡咨询公司 Allen Kennedy 认为，企业文化是所有员工都遵守的行为准则。这种规范通常是一种自然惯例，有各种用途来促进和加强这些规范。企业文化是企业发展不可或缺的部分，包括最高目标、价值、管理制度、行为准则和道德规范等。企业文化可以通过各种方式对员工产生影响、规范其行为并让其更好地向公司目标前进。一种良好的企业文化，既有代代相传的精神价值，也有与时俱进的时代特征。为适应集团新媒体发展战略需要，在企业文化建设上，风雅颂扬文化传播集团要在传承企业优良文化传统的基础上，建立一种新的企业文化，符合新媒体战略导向需要。同时，员工要树立新意识、新观念，认识到发展新媒体业务的必要性以及迫切性。另外，有必要通过新媒体业务给员工带来的变化让员工认识到促进新媒体战略有助于其绩效的提高。而在并购其他公司后，也要对被并购公司的企业文化积极吸收，从而对自己的企业文化进行调整，使合并后企业的员工能够融入新的企业文化。

（二）建立完善的新媒体运营组织

新媒体业务战略成功的先决条件是组织结构的健全。通过在集团设立新的业务部门，即新媒体业务部门，能够搭建和完善新媒体的组织架构。建立四个中心是满足集团新媒体战略发展要求的基础保障。这四个中心分别为：管理中心，包括行政、财务、人力资源；业务中心，包括FYSY网络、移动APP、节目部门和OTTTV（互联网电视）；运营中心，包括市场部和对外联络部；技术中心，包括技术部、研发部以及设计部等。这四个中心的设置为新媒体战略的实施奠定了良好的组织架构。

（三）加强企业物质文化建设

企业的物质文化不仅包括企业所生产的产品，还包括许多其他的软性环境，比如工作环境、薪酬激励措施、娱乐设备等。物质文化建设上的良好，会让企业员工在工作中收获更高的满意度，而且员工会增强对企业的向心力和忠诚感，更容易留住员工。所以，为了营造符合新媒体发展的工作氛围与文化，可以在公司内部安装各类互联网产品让员工体验新型互联网发展的成果；为整个新媒体业务成立专门的展示区，展示集团开发的软件应用程序；集团内部还可以开发适合自身需要的办公系统，让员工可以在移动设备上方便地工作和访问自己需要的信息。对于节目制作部门而言，其最核心的评估标准是节目制作的效果，所以对其管理可以更为灵活。此外，为员工提供更为丰富的福利，从而增强福利的激励效果，提升员工满意度。在工作之外，集团也要关注员工的业余生活，并为其提供各种文化体育活动。最后，还要完善员工保险，定期组织员工进行身体检查，开展团建活动，切实关注员工内心状况。

第六节　结论与展望

一、研究结论

现阶段传播的主流趋势已经不再是以往的传统网络工具，而是手机等移动端,更多用户选择移动端来进行互联网传播,传统媒体受到极大冲击。本章通过对风雅颂扬文化传播集团的实际情况,运用管理学等相关理论进行分析,指出该集团的必然选择是开展新媒体战略,并且要以新媒体多元化战略为主,一体化战略为辅。在发展过程中,对于新媒体上所涉及的节目内容,要不断丰富、完善和更新,并且不能停留在本产业领域,而要向其下游发展。集团还要更加重视人力资源建设,提高员工整体质量,通过各种因素强化员工稳定性,使得员工愿意留下来。此外,应当成立一家专门运营新媒体的机构,负责开发旗下 APP 和运营。同时,还要在互联网电视和交互系统方面积极研发推广,以期在新媒体发展中抢占先机。

通过本章的研究可以得出以下几点结论:

(1) 风雅颂扬文化传播集团在发展新媒体业务方面有着较为良好的外部环境。在政治环境方面,中央综合深化改革领导小组在第四次会议中,一致同意颁布《关于促进传统媒体与新兴媒体融合与发展的指导意见》,此次会议强调,推动宣传文化领域的改革创新,促进媒体整合与发展;在经济环境方面,我国居民收入持续增加,消费水平不断增强,特别在文化产品中的支出不断增加;在社会环境方面,我国网民借助移动互联网和手机等移动终端来访问视频网站的数量在不断攀升,人们对互联网和智能终端的依赖性更高,程度也更深;在技术环境方面,新媒体产业伴随科技进步而获得更高速的成长。

(2) 风雅颂扬文化传播集团新媒体战略的优势包括独特的内容资源优势、巨大的创意团队优势、良好的财务状况、完备的影视制作系统、拥有新媒体平台等;劣势包括新媒体平台数量不多、类型简单且建设进展迟缓、欠缺具备互联网思维的实践型人才和擅长新媒体技术的技术人才、新媒体内容偏少、新媒体缺乏盈利模式等;机会包括新媒体产业市场前景广阔、新媒体产业链条完善、广电系统企业;威胁包括移动视频发展速度远超网站视频、新媒体运营成本高、资金需求大、新媒体的市场格局已然形成。

(3) 风雅颂扬文化传播集团新媒体发展战略包括业务多元化战略,如新媒体节目的多样化、新媒体业务平台多元化;产业整合战略,包括掌握节目内容生产机构、投资终端设备制造领域、构建新的媒体 4G 生态系统等。

(4) 风雅颂扬文化传播集团新媒体发展战略可以从建立健全的投融资渠道、构建有效的风险防控机制、打造多元化高素质人才队伍、建立员工激励机制、以用户体验为核心、围绕用户需求制订计划、建立与战略相匹配的企业文化、建立健全的新媒体运营组织以及加强企业物质文化建设等方面来实施。

二、展望

通过实施新媒体发展战略，集团也将转变自己的经营重心，进一步重视生产的影视节目新媒体播放平台建设、新媒体技术的研究和发展、传统的影视企业改造和新媒体电影和节目制作和生产。通过优质资产的注入，为未来上市融资做好准备，并实现对集团的反哺。

第二章

政府储备物资财务管理制度优化研究

第二章 政府储备物资财务管理制度优化研究

　　成立于1953年的国家物资储备局，在社会主义革命和建设的各个时期发挥着重要作用，为社会主义建设事业做出了积极的贡献。尤其是近十年来，原国家物资储备局认真贯彻落实国务院批准的《国家战略物资储备十年规划》（2006~2015年），仓库容量、库存物资总量不断增长，品种结构持续优化，储备仓库的基础设施和科学管理水平也有了较大进步，成为服务于国家经济建设和国防建设的重要组成部分。但是随着财务管理制度的改革和变化，封闭的储备物资管理部门的财务管理问题也越发突出，制约着国家物资储备的发展。

　　本章采取文献研究法和实地调查法，重点研究了当前形势下，江西储备物资管理局存在的财务管理问题，通过分析江西储备物资管理局财务管理的背景组织结构、人员情况、财务收支情况以及江西储备物资管理局制度情况，结合对应的行政事业单位财务管理研究，发现江西储备物资管理局财务管理存在的财政保障制度、财务公开制度、预算执行监督制度、内控流程制度等存在问题，分别对预算管理制度体系，财务管理制度实施外部环境与内部流程控制提出政府储备物资部门的财务管理制度优化路径。在外部要寻求财务保障力度提高，提升财务管理意识，将意识形态落实到制度上；在内部要强化预算各阶段制度建设和补充，梳理关键财务行为的内控要求，明确制度责任到人。

第一节　绪　论

一、研究背景与研究意义

（一）研究背景

　　国家储备物资在参与国民经济宏观调控，支援国家重点项目建设，支持国家产业结构调整,解决流通与民用部门紧急需求,参与抗灾、救灾、支援衣物、外贸和国防建设等方面,都起到了十分重要和不可或缺的作用。尤其是从经济全球化、我国的国情和市场经济的现代视角来看,国家储备已经成为国家发展的重要成分和实力,已经是一个国家核心竞争力的重要标志。从具体的储备物资管理来看,我国政府储备物资规模大、品种多,实际管理主体多样化,行政单位、事业单位、企业都有存储,而且存在多级存储。另外,不同存储主体的核算方式也不统一、不规范,且往往对储备物资的实物量管理较严,而价值量化管理较薄弱。目前的储备物资会计核算制度落后,日常核算单一,不能满足国家对储备物资整体流转的掌握,无法发挥会计管理的作用。在这种情况下,储备物资的财务管理在系统的二级机构里近乎于无,在基层方面也只是简单地进行进出核算;相关会计人员对储备物资的会计核算并不熟悉,相关账务流程没有掌握;对物资的流动资金、流通费用、各级别的会计反映都不统一规范,无法更好地为国家对储备物资进行财务计划、资金管理、物资分析提供帮助。

党的十八届三中全会明确提出"建立权责发生制的政府综合财务报告制度,建立规范合理的中央和地方政府债务管理及风险预警机制"。权责发生制的政府综合财务报告制度改革的目的是为建立统一、规范的政府会计标准体系。政府储备物资与存货相区别,是政府资产的重要组成部分。中华人民共和国财政部发布的《政府会计准则第6号——政府储备物资》,规范了行政事业单位财务管理对政府储备物资的确认主体和确认条件、计量以及披露原则等会计处理要求,标志着我国政府会计制度体系建设又向前迈进了一大步。结合这次的政府会计制度改革,更加深入地探讨在权责发生制的政府会计框架下,怎样结合政府储备物资会计准则更加全面、规范地强化政府储备物资的实物管理将是本章要重点研究的内容。

(二)研究意义

1. 科学意义

一方面,政府储备物资是政府资产的重要组成部分,主要包括战略及能源物资、抢险抗灾救灾物资、农产品、医药物资和其他重要商品物资,对于保障国家安全、服务国计民生具有重要意义。但是,大部分行政事业单位管理的储备物资并没有纳入单位自身收支的会计核算体系中,也未在政府会计主体资产负债表中得到全面反映,国家大部分的储备系统对储备物资的核算都由与政府会计分离的储备资金等其他制度进行核算,使全国系统储备物资的财务管理无法统一。所以本章将对江西储备物资管理局的财务管理进行研究,提出规范化的意见和建议。

另一方面,2017年7月28日,财政部根据《政府会计准则——基本准则》制定印发了《政府会计准则第6号——政府储备物资》。这标志着国家对储备物资部门的财务管理提出了更高的要求,对全面和清晰地反映政府会计主体履行公共受托责任有着重要意义。本章将从提高储备物资管理部门财务管理角度出发,采用理论和案例相结合的研究方法,探讨某储备系统现行政府储备物资的财务管理和储备资金的核算是否能满足国家对政府储备物资提出的新要求,所以本章案例的研究具有一定的科学意义。

2. 实践意义

(1) 本章依据实际情况具体分析我国某储备系统的相关储备物资的管理和储备资金的会计核算制度,深入分析新政府会计制度与原有行政事业单位会计制度的变化和新的改革原则方向,研究现行的政府储备物资的财务管理及相关核算制度能否满足国家对储备物资的管理,通过对原有的储备物资资金会计制度实施效果及过程中存在的一些问题进行分析,力求通过财务更好地对政府储备进行资产管理,总结提出了新的部门财务报告对各级别政府储备管理的新要求、对会计核算和会计管理等工作的改善建议。本章通过对某独立储备系统储备物资单位财务管理的会计核算研究,以期能为国家各类储备物资会计核算提供借鉴参考的作用。

(2) 修订的《中华人民共和国预算法》要求各级政府财政部门应当按年度编制以权责发生制为基础的政府综合财务报告。在建立以权责发生制政府会计核算为基础,以编制和报告政府资产负债表、收入费用表等报表为核心的权责发生制政府综合财务报告制度的过程中,研究政府储备物资会计制度的影响,规范这类重要政府资产的会计核算问题具有一定的实践意义。

二、国内外研究现状综述

(一) 储备物资管理理论研究

美国、日本、德国等发达国家对于国家物资储备相关问题的研究由于涉及国家机密,公之于众的研究成果也很少,通过查阅原国家物资储备局储备研究所的内部资料,也只能对目前各国国家物资储备的基本情况有一个大致的了解,但对于国家物资储备体系的系统化研究和具体管理方式研究则很难见到。相较于西方国家而言，我国在缺少体系研究的同时，也没有建立起与国家储备相关的法律或行政规定，储备立法的研究与推进工作进展缓慢。

格雷厄姆认为政府应经常地通过建立储备而不是财政赤字调节经济。通过储备商品生产和消费能够创造出超过当期需求的需求，也就在减少失业的同时积累了有形商品。20世纪70年代，美国逐步建立了对政府干预的成本收益分析体系，通过目标函数的设定将计量方法引入这一领域，这就为最优储备规模的精细化管理提供了可能性，非常值得我国借鉴。

国家和政府直接掌控着国家储备，对于国家经济运行、国防安全、社会安定有着十分重要又无可替代的作用。张永林（2009）认为，当前我国经济运行机制已经转向市场经济，市场经济运行中还可能发生种种消极问题，国家经济发展存在区域性不平衡，在这些新形势下，国家在种类和数量上掌控一些事关国计民生的重要战略物资，以增强国家宏观调控能力。尽管理论界与国家相关管理部门对国家物资储备议题的探讨日益增多，但基于国家信息安全和国家机密的限制，相关数据及信息仍非常有限，仅有的研究也多是从国家层面探讨物资储备整体，或是具体到粮食、食盐、食糖、石油等物资的储备体制机制设计。

罗建农（2008）认为我国国家物资储备单位普遍存在会计信息严重失真的问题，主要原因是对全额拨款事业单位财务会计的核算方法存在认识上的误解；单位性质和职能定位不清晰，国家物资储备单位发展前景不明朗，没有长期明确的发展规划。财务会计制度是一个较完整的制度设计体系，要考虑单位稳健发展的设计安排，增强规范性，减少随意性。

（二）政府储备财务管理的案例研究

刘正辉（2011）从会计日常核算入手，认为财务管理在制度上制约物资管理。所谓的制约，就是明确要求各项专业管理在具体工作中必须树立效益观念、成本观念和资金观念。

李宏志（2011）以土地储备为例，从资金的筹集、土地储备成本的管理、土地出让收入的分配等财务管理角度，认为完善的资金制度可以有效地使土地储备机构成为真正的责任主体，并化解土地储备财务风险。

王建凡（2011）以国家医药储备财务管理进行分析，认为资金管理的不规范容易诱发各类资金问题，而其梳理现有的关于国家医药储备的相关法律法规仅有国务院1997年颁布的《国务院关于改革和加强国家医药储备管理工作的通知》、财政部1997年发布的《国家医药储备资金财务管理办法》和原国家经贸委 1999 年颁布实施的《国家医药储备管理办法》三份规范性文件，不适用现在新政府会计制度的体制。

万弢（2004）以石油储备资金问题为例，通过研究各国储备财务管理的方案认为石油储备体系是关系国家长久治安且建设周期较长的一项系统工程，要完成这样的工程建设，资金问题是关键。无论是购买石油还是其维护费用，所需费用额都是巨大的，相关资金的核算体系必须能正确清晰反映出石油储备的情况。

三、研究方法和研究内容

（一）研究方法

（1）文献研究法。对众多学者的文献进行总结，了解前人在此领域的研究成果，增加见识，拓宽知识面，由表及里地取其精华，使理论更丰富，通过对会计理论的研究，找出会计反映业务事项的基础。

（2）案例研究法。本章通过对某储备系统储备物资管理进行分析，找出相应的优点及不足之处，并为其提出了新的储备系统储备物资会计管理的思路，从而对国家储备物资会计管理给予一定的借鉴作用。

（3）实地考察法。对江西储备系统下属各基层单位进行实地调查研究，收集相关资料和数据进行分析。

（二）研究内容

本章共分为五节，第一节为绪论；第二节为财务管理相关理论和相关制度研究；第三节为江西储备物资管理局财务管理的现状；第四节为江西储备物资管理局财务管理存在的问题及原因分析；第五节为政府储备物资部门的财务管理制度优化路径。

第一节主要对本章的研究背景及意义进行了介绍，归纳了国内外对物资储备单位财务管理的研究动态，说明了本章研究的主要内容与研究方法以及可能存在的创新点及不足。

第二节主要介绍了财务管理的相关理论和国家政府储备物资财务管理的相关制度。首先概述了财务管理的理论发展，对其指导方针、做出的贡献进行了分析，其次介绍了行政事业单位的财务管理制度，分别从单位属性特征和法规文件两方面探讨，同时对政府储备物资系统内部财务会计制度进行了介绍。

第三节主要分析了目前江西储备物资管理局财务管理的情况。先从国家物资储备的概况、管理体制、模式、职能以及组织结构及职工队伍等现状进行介绍，然后分析了目前江西储备物资管理局的财务收支情况和江西储备物资管理局财务管理制度情况。

第四节主要分析了江西储备物资管理局财务管理存在的问题及原因，指出了物资储备财务管理目前存在的财政性拨款保障制度不完善，财务情况公开制度执行不到位，内控流程制度不完善，预算编制与执行制度不健全，资产管理流程存在缺陷，财务人才流通制度不完善，财务管理制度存在事企不分情况等各种问题。

第五节为政府储备物资部门的财务管理制度优化建议。本章主要从构建完整的财务预算管理制度体系、财务管理制度外部实施环境优化、财务管理内部制度建设优化等方面提出了相应的对策建议。

本章的研究内容框架如图2-1所示。

四、研究创新点与不足

通过研究文献，发现目前还鲜有国内学者专门对储备物资单位的财务管理制度进行研究，特别是针对政府储备物资单位进行财务管理的相关制度优化等方面的相关研究更是少之又少。因此，本章结合我国政府会计制度和机构改革带来的变动对政府储备物资财务管理影响，具有研究内容上的创新。

我国政府会计制度于2017年10月公布，原执行《事业单位会计制度》（财会〔2012〕22号，以下简称原制度）的单位，自2019年1月1日起执行新制度，不再执行原制度。同时2018年1月1日开始执行的《政府会计准则第6号》，也标志着储备物资的会计核算为未来储备物资系统的行政事业单位的财务管理提供新的挑战，而目前相关的研究文献还比较少。

本章研究不足主要在国储物资管理内容很多存在涉密，尤其是在库房容量、仓库布局、储存规模、品种结构等方面都存在涉密，因此在数据实证分析上存在一定的不完整性，导致分析存在很大难度。另外，笔者知识面的局限、理论能力的有限及资料收集的不全面，本章可能出现分析问题不够精练、理论深度不够到位、研究体系把握不够准确等缺陷。

第二章 政府储备物资财务管理制度优化研究

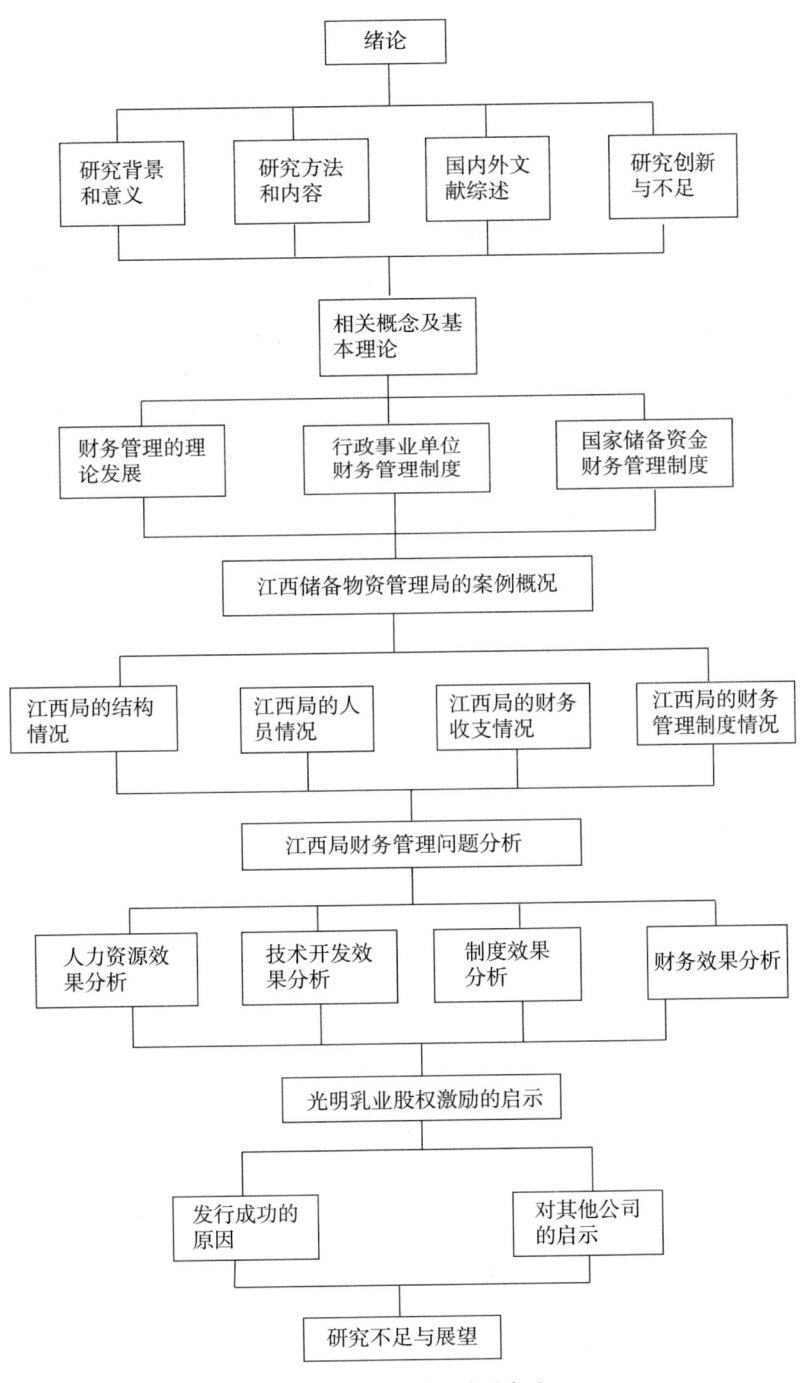

图 2-1 本章研究内容框架

第二节 财务管理相关理论和相关制度研究

一、财务管理的相关理论研究

(一)财务管理理论的发展

财务管理是单位管理一个相当重要的组成因素,在一个单位的管理中,财务管理具有十分重要的地位。财务管理是对投资、融资、营运资本和利润分配的管理,每个单位的财务管理的最终目的就是保证一个单位正常良好地运转,为单位实现效益最大化而服务。财务管理按照国家相关的法律法规以及财务管理的原则进行,它是一项组织会计主体的财务活动、处理一个单位财务关系的经济管理的活动。

财务管理的理论出现于19世纪末的欧洲,优先在企业管理上得到进一步发展,经过两次工业革命,企业突破了传统的企业家庭作坊的模式。企业规模的扩大要求有一套理论实现对资金科学的管理,财务管理理论由此诞生。从19世纪末至今,研究人员一般认为财务管理理论的发展经历了资金筹集与财务核算、内部财务控制、投资财务管理和现代财务管理的完善与成熟五个阶段。

到了现代,财务管理已经成为了一个单位管理的核心。企业最直接的目的是收获利润实现价值增值。财务管理左右着企业中资金的动向、利用效率,其目的便是实现价值的最大化,可以说财务管理的水平直接决定着企业的利润水平,关系着企业生存发展的命脉。对于行政事业单位来说,财务管理的提升目的在于提高财政资金的使用效率,也可以更好地帮助单位履行自身的职责,遵循法律法规。

现代单位管理是一个复杂的系统,除了财务管理之外,人力资源管理、文化思想管理、工作流程管理等都是现代管理的不同方式。相较于财务管理,这些管理基本上只是局限在一个单位运行中的某一个环节,而财务管理正是对单位所有价值活动的直观的、全面的管理。所有创造价值的活动都要有价值的输入,价值与资金的活动密不可分,可以说财务管理在单位运行过程中的每一个环节都有着实实在在的影响。因此,财务管理的水平直接影响着单位的整个的运行效率,关系到单位为社会为国家创造有意义价值的能力。

(二) 行政事业单位财务管理的研究

1. 基于单位属性特征的财务管理内容

为规范行政单位的财务管理与核算,我国相继出台了多项制度。1998年1月6日,经国务院批准,财政部颁布并实施的《行政单位财务规则》(财政部令第9号)对规范和加强行政单位财务管理发挥了重要作用。然而,随着部门预算、国库集中收付制度、政府采购、非税收入管理、政府收支分类等各项财政改革的不断深入推进,行政单位财务管理的内容和形式也在不断发生变化,原《行政单位财务规则》已经不能完全适应新形势的需要,为了深入贯彻落实科学发展观,进一步加强和规范行政单位财务管理,提高资金使用效益,《国务院关于修改和废止部分行政法规的决定》(国务院令第628号)明确其自2013年1月1日起废止,责成财政部重新制定。2012年12月6日,财政部修订并公布《行政单位财务规则》(财政部令第71号),自2013年1月1日起施行。

根据新的财务制度要求,行政单位的财务活动是指行政单位有关资金的筹集、分配和使用等活动,具体主要包括:行政单位的预算管理、收入管理、支出管理、结转和结余管理、资产管理、负债管理、行政单位划转撤并的财务处理、财务报告和财务分析、财务监督、财务机构设置和财务人员配备等。

综上所述,如图2-2所示,行政事业单位的财务管理要聚焦以下五个方面:

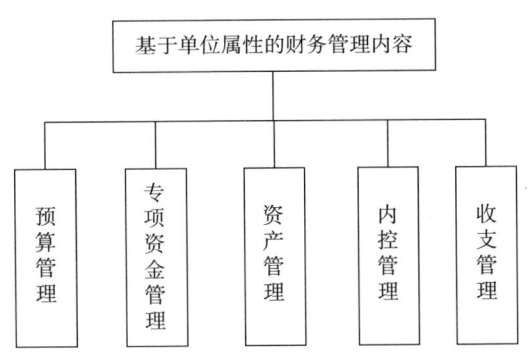

图2-2 基于单位属性的财务管理内容

一是要重视预算管理。理清财拨预算、非财拨预算、专项资金预算,严格按照预算执行，真实预测单位收支情况。

二是要重视收支平衡。在收入上，要合理合法获取收入。坚定"收支两条线"的原则，按照计划有序支出，不支大于收和收大于支。

三是关注单位绩效评价。加强对财务管理的制度建设，严格合规地进行会计核算，对最终结果进行评价，关注国家财产的使用效率。

四是抓紧政府资产购置处置。不论是相关国家储备物资还是日常公用资产，都需合理有效配置使用监管，防止国有资产流失。

五是提高内控建设。针对单位的整体活动，有效利用财务手段进行控制和监管，防止各环节风险的产生。

(1) 财政预算公开管理。预算是对一个单位这一年预期的收入与支出的测算，行政单位预算是一个机关单位对自身财拨收入、非财拨收入与财拨支出、非财拨支出的规划，是合理调节单位资金分派和管理单位资金使用情况的重要工具，它能客观展示一个单位的政策导向和收支调控，引导单位领导掌握单位情况。

预算公开是财务管理制度的重要组成环节。收支预算信息公开，能进一步保护广大人民对国家该领域财政预算安排的监管、参与感，有利于敦促机关单位的节约型财政建设，有利于推动基层单位加强反腐廉洁意识，使整个系统的财务管理科学、民主。政府预算公开也是我国政治进步的体现，是遵守依法治国理念的写照。通过预算制定、预算执行等过程的公开，使人民群众可以依照法律法规，通过更多的路径和方法，参与单位的建设、国家的事务，参加到国家经济建设、文化建设中来，明确自身主人翁意识。我国政府的预算公开制度的改革，加强了对预算财务管理的约束，是各级行政部门的法律义务，也是建设法治社会的必然要求。中国的部门预算公开有效地预防和控制了资金的滥用，它已经在节约型政府部门建设中发挥出相当重要的作用。这是行政事业单位财务的本质要求，也是提高财政资金使用效率的财务管理重要组成部分。

部门预算公开，要求各级机构应自觉按时向公众公开部门的信息表、上级批准的部门预算公共支出总量和总的政府性基金预算，并细化到节级科目。涉及教育、卫生、社会保障和就业、农林水事务、住房保障、科学技术、文化、体育、媒体、环境保护、食品药品安全和安全生产是关系国计民生的重点支出，细化到项级科目的。部门本级以及其下属行政单位、参照公务员法管理的事业单位、非参公事业单位、社会团体需要编写部门预算，但国家安全等特殊部门除外。预算的口径为年初预算安排资金的财政拨款、非财拨收入的多少等,在这基础上对比每个月实际支出和累计支出。2018年有89个中央部门在4月13日向社会集中公开部门预算,公开内容与上年基本一致,主要包括收支总表、收入总表、支出总表、财政拨款收支总表、一般公共预算支出表、一般公共预算基本支出表、一般公共预算"三公"经费支出表、政府性基金预算支出表共8张报表,反映部门收支总体情况和财政拨款收支情况。除涉密信息外,一般公共预算支出公开到支出功能分类项级科目,其中基本支出公开到经济分类款级科目。有36个部门向社会公开36个重点项目的文本和绩效目标,比2017年增加26个部门和26个项目。

(2) 政府采购管理。政府采购是指各级国家机关、事业单位和团体组织,使用财政性资金采购依法制定的集中采购目录以内的或者采购限额标准以上的货物、工程和服务的行为。政府采购制度是公共支出管理的一项重要制度,其核心内容就是政府及其所属机构使用公共资金购买货物、工程或服务都必须通过法定的采购方式、采购方法、采购程序来进行,合理规范使用公共资金的采购行为。

行政单位在实施政府采购时,必须遵循"公开、公平、公正、诚实信用"的原则,严格执行政府采购制度的有关规定。一是要根据同级财政部门的要求,编制政府采购预算,并按批准的政府采购预算和法定的采购方式进行采购,增强采购过程的透明度。二是要强化政府采购的计划管理,所有使用财政性资金及配套资金开展的政府采购活动,均要编制采购计划并细化到政府采购项目和品名,对于纳入批量集中采购范围的办公设备、办公用品等品目采购,要按照同级财政部门的要求编制批量采购计划。三是要严格执行政府集中采购规定,规范政府采购程序和行为,达到制度规定数额限制以上的采购项目应采取公开招投标方式进行采购;对于达不到公开招投标金额的工程、服务和货物项目,可采取其他方式进行采购,例如竞争性谈判、单一来源、询价等采购方式。四是要切实履行政府采购管理监督责任,加大对政府采购工作的管理力度,明确本单位政府采购管理的责任部门,建立健全内部管理制度。

(3) 国库集中支付管理。国库集中支付制度是国库集中收付制度的一个组成部分,采用国库集中支付制度是国家为了更加有效率地对资金进行实时监管的手段,是财政部门将所有公共资金纳入国库管理体系的政策。如图2-3所示,行政事业单位将所有上缴国库专户的收入统一通过银行等系统上缴,支出时通过填写相应支出代码凭据通过银行提交国库财政,由国库将所申请额度批复给相关商品和服务供应商或用款部门。

国库的集中收付制度是国家行政机关财务管理改革的重要一环,目的在于

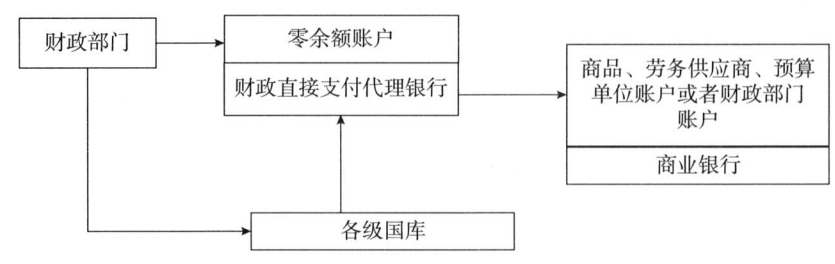

图 2-3　财政直接支付流程

创立单一的国库资金管理，资金缴付的形式。其中，利用好国库支付手段，能有效地减轻财政资金支付时过于冗杂的审批程序，提高流程效率。通过制度要求，行政单位将所属零余额账户集中于统一的银行开户，将所有预算资金项目统一管理，在需要使用财政资金时，比如购买商品、支付项目进度款、劳务派遣费时，直接向国库支付管理中心发出请求，进行审核，将有关款项直接划转目的账号。

我国成功执行国库支付制度后，大大提高了各层级部门单位的资金使用效率，减少了中间层次的运行成本，财政预算的执行情况得到了有效监控，使我国的部门财务管理的水平上了新的台阶。利用国库支付中心的统一核算，能从源头掌握我国的财政资金的真实收支情况，能监控好我国的财经形势，对相关风险做出准确、及时、有效的处理，防止一些部门违规转移财政资金，套取挪用，形成"小金库"，对腐败问题起到了良好的预警作用，提升对资金的到付速度，减少库存的挤压，对资金的灵活性起到了促进作用。

要发挥出部门财务管理中国库集中支付制度的优越性，必然要求行政事业单位建立起完备合规可执行的财务管理会计核算制度体系。只有这样做，才能极大增强对财务部门人员的管理力度，财务流程的合法合规使每一项的财务行为变得有章可循、有理可依。要充分学习财务通软件的使用要求，熟练掌握各支付代码的各项含义，划分清楚资金使用范围和目的，使会计的核算能清楚明白，理清基本支出和专项支出的界限，各项款项得到专门的使用，避免资金使用混淆的情况发生。

行政单位要做好国库集中支付中的财务管理，就要从制度建立上明确相关手续和账户的设立，使整个过程能按规执行，一是要明确账户管理，考察清楚各单位所有的银行账户，对未纳入监管的账户要求全部撤销，纳入统一管理监控的范围里；二是全面实行公务卡报销制度，强制规定相关行为的公务卡结算方式，避免现金支付造成的监管漏洞，明确支付范围；三是做好用款计划的建立与管理；四是上级财务管理机构要经常组织国库支付会计对账工作；五是要做好预算执行动态监控工作，按照国家有关部门制定的《中央财政国库动态监控管理暂行办法》，财政部相关司需要通过国库动态监控系统，对财政资金整个流通支付环节进行监督管理，对发现的违规目的支付、违规手续支付及时报警制止，第一时间发挥财务管理的作用。

(4)"三公"经费财务管理。"三公"经费是指部门单位用财政拨款安排的因公出国费、公务用车购置及运行费和公务接待费。这些费用是部门单位保持运转或完成特定工作任务的相关支出，是政府开支的一部分。

从单位范围角度看，需将"三公"经费纳入财务管理体系的单位包括中央部门本级及其所属行政单位、参照公务员法管理事业单位、社会团体、企业等。从支出类别来说，"三公"经费及包含通过基本支出公用经费安排的支出，也包括通过项目支出安排的支出。

按照2009~2011年中共中央办公厅、国务院办公厅相继出台的通知，对各部门单位的"三公"经费财务管理提出了更严格的规定，减少资金滥用的要求越来越严格：一是提出加强机构和人员经费管理，整体总费用执行过程中不可随意调节，不得挪用其经费用于"三公"经费的支出；二是加强公车配置使用管理，改革公务用车实物配给方式，对多余的一般公务用车一律取消，只保留必要的执法执勤、机要通信、应急和特种专业技术用车及按规定配备的其他用车；三是进一步规范公务接待工作，完善公务接待经费管理办法，严格控制接待经费开支标准，实行接待费用支出总额控制制度。在此基础上，国家还要求逐步公开出国出境、出差、公务接待、会议费、公务用车等费用支出，以此来加强对"三公"经费的财务管理。

2011~2018年，财政部按照零增长原则，对"三公"经费规模控制总体呈现压缩趋势，如图2-4所示，这体现了各单位"三公"经费财务管理的长期目标。

2. 基于法规文件要求的财务管理内容

2013年党的十八届三中全会中共中央出台《关于全面深化改革若干重大问题的决定》，明确提出"建立权责发生制的政府综合财务报告制度，建立规范合理的中央和地方政府债务管理及风险预警机制"。2014年国务院批转财政部发布《权责发生制政府综合财务报告制度改革方案》。我国财政体系、部门财务管理改革也开始不断深入，有关的法律法规不断完善创新，有关的管理文件、财务制度不

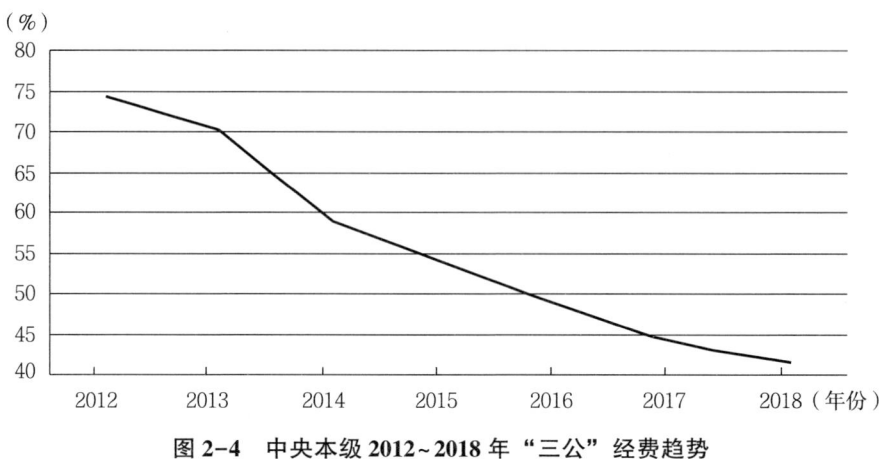

图 2-4　中央本级 2012~2018 年 "三公" 经费趋势

断推陈出新，对有关单位的财务管理提出了更高、更严、更清晰的要求。

新的法律法规极大地扩展了会计系统的核算要素，政府会计系统提供的财务信息在数量和质量上取得了重大突破，使以预算会计体系作为信息基础建立起来的政府理财体系势必不能在权责发生制下对政府财务管理的信息进行有效利用。这就要求以政府预算管理为核心的现行政府财务管理拓展管理范围、扩大管理内容、提高管理要求，从而建立与政府会计改革相适应的政府财务管理体系。

（1）绩效管理明确立法。2014 年以来，涉及财务管理的《中华人民共和国预算法》《中华人民共和国会计法》《中华人民共和国政府采购法》都进行了修订，全国人大财经委在关于预算审查结果报告中多次提出，要进一步加强预算绩效管理，提高资金使用效益。中共中央《关于人大预算审查监督重点向支出预算和政策拓展的指导意见》提出，人大预算审查监督重点向支出预算和政策实施效果拓展。2014 年修订的《中华人民共和国预算法》要求，各级预算遵循"讲求绩效"原则，并对绩效目标管理、绩效评价、绩效结果应用等做出明确规定。提出各级预算要"统筹兼顾、勤俭节约、量力而行、讲求绩效和收支平衡"。《国务院关于深化预算管理制度改革的决定》进一步要求"健全预算绩效管理机制"。李克强总理在 2018 年《政府工作报告》中明确提出，全面实施绩效管理，使财政资金花得其所、用得安全。

（2）强调内部控制管理体系建设。财政部于 2012 年发布《行政事业单位内部控制规范（试行）》。2014 年，财政部要求行政事业单位要落实党的十八届四中全会决定的关于强化内部控制的精神，全面建立、有效实施内部控制，实现经济和业务活动的全范围全覆盖，实现对权力运行全过程的全覆盖，实现对全体人员的全覆盖。各单位要在各自的系统内出台有关规章制度，加强对财政专项和资金财务管理，要强化单位各阶段人员责任范围，落实单位法人责任，分清领导责任、复核责任、审批责任，健全约束机制，完善各系统的内部控制手册，使内部控制制度化。

有关研究资料都说明，完善可执行的内部控制制度可以使一个部门的经济行为，财务管理有法可依，根据白纸黑字的相关规定进行问题研究和处理，可以有效避开管理行为随意的情况，确保相关财产的合理使用，避免浪费和无意义的支出，充分发挥出应有的经济作用。财务管理的内部控制一般可分为 3 个阶段：事前计划、事中控制和事后分析。事前计划是资金活动还未开始时准备的目的和目标。财务管理控制的事前计划主要是各个职能处室对本年计划会产生的业务活动中所需要的现金流、采购的相关资产、人员费用等进行全方位的考虑，形成可视的项目计划书和评价指标，财务部门将这类信息进行综合考量后指定的预算报告是财务事前计划的考量基础。事中控制是利用财务信息的实时性来观察业务活动是否正常进展，通过及时地记录财务收支，对部门从事的各项活动监督和调整，保证所有的经济活动和财务工作都按照相关的法律法规和单位的规章制度等合法合理地运行。事后分析是在单位的项目全部执行完毕后对其进行分析，如果存在不合法合规的问题及时发现并改正，总结经验教训，提高工作水平，在此基础上科学制订下一个事前计划。

（3）新会计制度带动财务管理变革。自 2016 年以后，中央有关部门陆续发布《政府会计基本准则》、五项政府会计具体准则、《财政总预算会计制度》以及《政府会计制度——行政事业单位会计科目和报表》，政府会计制度的变化代表着行政事业单位财务管理范围的延伸，更详细的会计核算制度要求政府的财务活动记录必须更加深入。新要求的权责发生制将财务管理的关注点提高到连续的多个年度，可以使行政部门的行为活动得到长期的监管和关注，做出全面的评价和报告，进而可以给人民群众提供出一个完整、全面、连续、系统的报告数据，这是以收付实现制为核算基础并且只关注单个财政年度资金收支情况的原有预算会计所达不到的。

原有的政府财务制度只要求了收付实现制的财务报告，新的会计规定增加的权责发生制可以为广大人民群众了解政府财务信息提供一个可视的平台，通过综合的政府财务报告和政府部门财务报告，启用新的政府财务报告网络平台。政府的财务状况，相关单位的负债能力、资产管理能力也可以很清晰地表现在财政报告里，这促使希望通过融资来获取补充资金的政府部门提高自身的财务管理水平，控制可能发生的财务风险，促进自身财政可持续性发展。

（三）部门财务管理基本原则

（1）量入为出，保障重点，兼顾一般。量入为出说明我国的财政管理目标是收支平衡，不可以超支挂支，在有限的资金范围保障重点建设项目，维持国家整体运转，在这基础上保障其他基本性支出。我国的法律法规特别强调，行政事业单位不论是何种方式或手段都不可以利用或者通过国家的资金对外进行金融活动或建立实体，除了相关规定以外，政府部门也不能进行中间担保和借贷。所以，基于这个原因，政府部门的业务资金基本渠道是财政预算拨款，由于财政拨款不是无限制的，供给和需求将长期存在，因此行政事业单位的财务管理原则是收支统筹，将所有的资金全部纳入预算安排，提前做好规划，计算支出，坚持量入为出、收支平衡，避免不必要的资金浪费；并且依据不同工作的重要性，抓大放小，保障重点项目支出，兼顾一般基本支出，在有条件的基础上压缩非必需的开支。

（2）厉行节约，制止奢侈浪费，降低行政成本，注重资金使用。行政事业单位是国家运行的维护机构，从理论上来说，行政单位必须服务于公众的需求，相关支出不得用于个人需要，其相关活动不直接作用在经济产出的业务中。这就要求行政事业单位的日常财务活动必须节约资金，避免浪费。目前由于管理上的缺陷，一些地方仍存在铺张浪费情况，影响了党和政府的形象。因此，部门单位的财务管理活动必须坚持厉行节约、制止奢侈浪费的活动原则，采取有效措施，切实降低行政成本。同时还需要有关人员努力，优化支出结构，加强绩效管理，努力提高资金的使用效益。

二、国家政府储备物资财务管理的相关制度

国家物资储备资金是专项用于物资储备，以实物和货币形态表现的中央财政资金。在2019年之前，我国对政府储备物资财务管理的相关规定不够完善，只有1998年由财政部颁发的《国家物资储备资金管理制度》和《国家物资储备资金会计制度》。《国家物资储备资金管理制度》是加强国家物资储备资金管理的基本准则；《国家物资储备资金会计制度》是提供国家物资储备资金管理信息，为储备资金管理服务配套的专用制度。这两个制度分别对政府储备物资的收储、调拨、非收储与调拨的财务管理进行了规定，通过会计与财务的手

段，提高对资产的管理水平。

储备资金管理的主要任务和范围确定了储备资金会计核算的主要内容。围绕储备业务的开展，储备基金的表现形式从货币基金不断转为物资基金，再从物资基金转为货币基金，经过周而往复的循环，使储备基金在规范细致的会计核算前提下达到安全准确、保值增值的目的。只有严格执行储备资金管理与会计制度，才能保证储备资金的真实、准确与安全，有效监督储备资金的正常运行，杜绝截留挪用和无故流失等违纪行为的发生。

1988年以前，储备资金的管理方式为国家收回资金全额上缴财政部，收储物资所需资金由财政部以中央单位限额拨款下拨。1988年以后，储备资金的管理方式改为财政部委托原国家物资储备局代管，包干使用，即变价款不上缴，专项用于收储物资，同时还要承担储备系统本应由财政预算安排的每年几亿元的物管费。

资金管理方式虽然改变，但资金仍属于中央财政的性质不变。但是，这种管理方式主要弊端就是引起储备资金规模逐年萎缩。假若一年减3亿元，20年就减少60亿元储备资金，还不计算归还的贷款利息以及国家批准转出的专项资金等。

第三节 江西储备物资管理局财务管理的现状

一、江西储备物资系统行政事业单位的概况

（一）江西储备物资管理局背景

江西储备物资管理局隶属于原国家物资储备局，由于2019年机构改革变动，原国家物资储备局与原国家粮食局合并，设立新的上级领导机构，即国家粮食和物资储备局。

江西储备物资管理局为正厅级行政单位，成立于1974年，隶属于国家粮食和物资储备局，当前主要负责国家战略储备物资在江西的储存管理和对江西、福建部分企业代储的国家战略储备物资等实施监管。江西储备物资管理局作为国家粮食和物资储备局垂直管理局，正面临工作职能的进一步调整，目前

机构改革的"三定"方案尚未确定。

原国家物资储备局自建立以来，一直承担着防备战争等极其重要的职责，并随着经济社会的发展不断调整完善。1983年，国办发〔1983〕61号文件指出，国家物资储备任务是：防备战争，防备灾荒，防备国民经济重大失调。"一旦需要，保证调得出，用得上。"1995年，中编发〔1995〕12号文件指出："在继续贯彻执行防备战争、防备灾患、防备国民经济重大比例失调的总方针前提下，建立对重要生产资料调控市场的物资储备，以应不测事件和对市场进行有效调控。"同时要求"要进一步建立和完善快速高效的国家储备物资管理制度；加强市场经济信息和地区经济动态的调研。"

该单位现有主要职能分为五大部分：一是负责提出本区域国家战略物资储备年度计划、中长期计划、仓库建设计划和事业发展计划的建议；二是负责提出储备物资轮换建议，按照原国家物资储备局指令组织实施；三是做好有关原材料市场及经济发展信息的预测工作；四是负责组织实施战略储备物资和调节储备物资的收储、轮转、保管、出库等工作；五是在完成国家物资储备任务的前提下，积极组织本区域内储备仓库开展多种经营业务，提高经济效益。由于机构改革的推进，未来该单位将面临粮食储备、石油储备、救灾物资储备等多种储备物资管理或监管的新挑战。

（二）江西储备物资管理局组织结构概况

原国家物资储备局隶属关系多次变更，先后划归中国共产党中央财经委员会（以下简称中财委）、原国家经济贸易委员会（以下简称原国家经委）、原国内贸易部（以下简称原内贸部）、原物资管理部、中华人民共和国原国家计划委员会（以下简称原国家计委）领导，目前划归国家发改委领导，但多年来始终保持了储备部门相对独立、高度集中统一的工作体系。我国国家物资储备系统曾实行原国家物资储备局（正厅级机关）、原储备物资管理局（正厅级机关）或办事处（副厅级机关）、基层仓库（正处级差额拨款事业单位）三级管理体制，实行的是人、财、物三级垂直管理，如图2-5所示，具有相对独立性和高度的垂直性。其中基层仓库按照功能与存储物资性质分为存储各类生产物资（以稀贵金属为主）的综合库、存储成品油的油库以及存储火炸药的火工库。

目前，江西储备物资管理局机关内设10个职能处室：办公室、物资管理处、经营指导处、仓管基建处、财务处、劳动人事处、安全保卫处、监察审计处、直属机关党委办公室、离退休干部处。下辖7个事业单位：二五六处（成品油库）、三七〇处（通用仓库）、六三二处（通用仓库）、六七三处（火工

第二章 政府储备物资财务管理制度优化研究

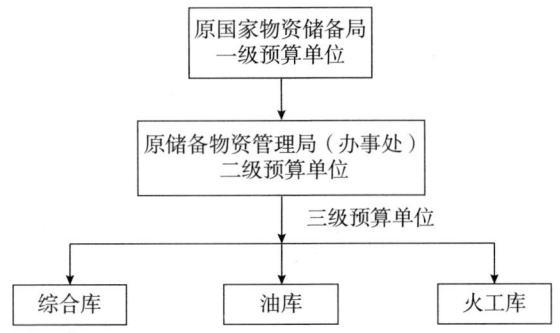

图 2-5 原国家物资储备系统管理体制

库)、九三三处（通用仓库）、宜春办事处、机关服务中心（含招待所）。另外，建有 2 个公司：江西国储物流有限公司、江西省鑫兴石油有限公司。各事业单位组织结构如图 2-6 所示。

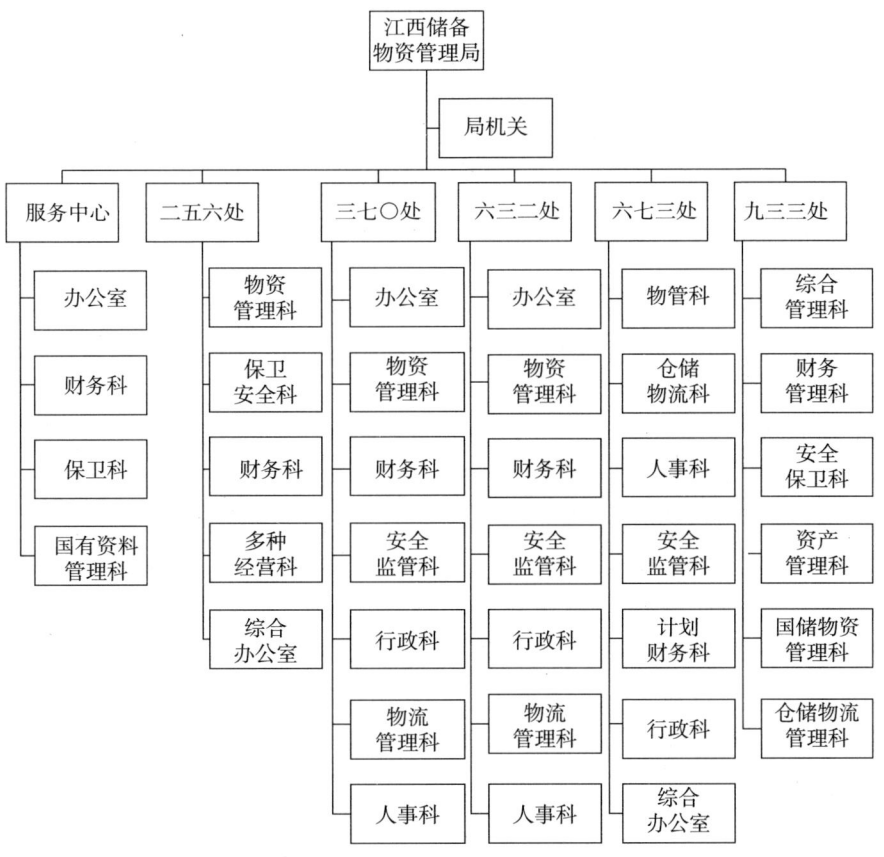

图 2-6 江西储备物资管理局组织结构

— 61 —

机关、中心和各基层单位的会计核算相互独立，预决算组织结构相互并列。

（三）江西储备物资管理单位人员情况

江西储备物资管理局行政编制 45 名，在职人员 34 名，司局级领导职数 4 名，现有局级领导干部 4 名，离退休人员 48 名。所属事业单位 7 个，包括 5 个储备仓库、1 个办事处和 1 个机关服务中心，事业编制 629 名，都为财政补助事业编制；在职实有人数 365 人，包括财政补助事业人数 346 人，经费自理事业人数 19 人，共缺编 283 人，人员缺编率达到 45%，整体人员年龄段较高。全局事业单位共有离退人员 245 人，包括 3 名离休人员和 242 名退休人员，均为财政补助人员。

江西储备物资管理局 2015 年对各事业单位进行岗位设置，有行政管理人员 118 人，专业技术人员 78 人，其他人员 169 人（为工勤技术人员），共计 365 人。在职人员中包括编内 346 人，编外 19 人（主要是退伍兵、2010 年以后招进的大学生等长期聘用人员）。

各单位人员的年龄结构主要集中在 40~50 岁，人员缺编严重，人才青黄不接，各项工作安排人员较为紧凑，现阶段各项工作日趋严格、高要求，由于政策、单位收入和单位地理位置等原因造成人才引进较为困难，同时也造成了人员的不稳定，如图 2-7 所示。

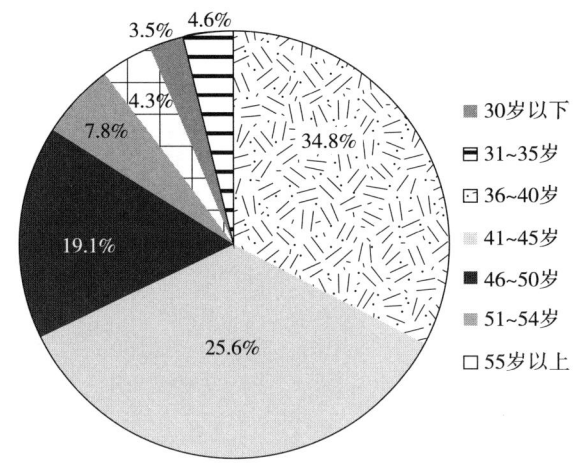

图 2-7 江西储备物资管理局下属事业单位人员年龄结构

以江西储备物资管理局下属事业单位为例：

年龄结构上，事业单位编制人数为 629 人，实有在编人数 371 人。30 岁以下职工有13人，占比为3.5%；31~35岁职工有18人，占比为4.6%；36~40岁职工有129人，占比为34.8%；41~45岁职工有95人，占比为25.6%；46~50岁职工有71人，占比为19.1%；51~54岁职工有29人，占比为7.8%；55岁以上职工有16人，占比为4.3%。

学历结构上，高中及以下学历有148人，占比为39.9%；大专（大普）学历有162人，占比为43.7%；大学以上学历有61人，占比为16.45%，如图2-8所示。

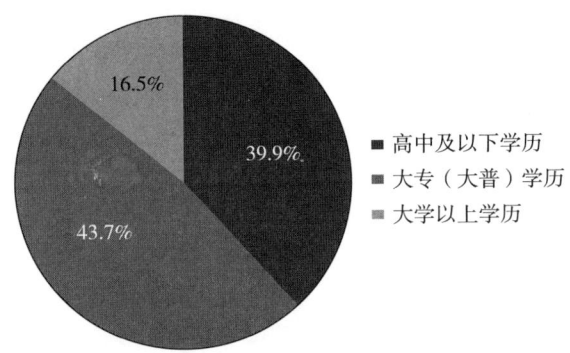

图2-8 江西储备物资管理局下属事业单位人员学历结构

通过走访了解，各储备物资管理单位的财务人员存在年龄较大，缺乏高学历人才的状况，以表2-1为例，江西储备物资管理局的财务人员老化，进人机制不畅，进人后的费用得不到完全保障。不仅是事业单位，行政单位新进公务员也未增加人员费用。经过交谈，发现各单位财务人员对政府储备物资的财务管理制度缺乏学习和了解，会计核算方法也不规范准确，一些人员由于年纪较大，学习能力差，在新进物资到账时经常会弄错核算流程，只能重新查找资料，同时缺乏对相关人员统一的业务培训，容易造成管理效率低下。

表2-1 江西储备系统财务人员信息统计

单位名称	财务人员平均年龄（岁）	管理者学历
江西储备物资管理局	33.33	研究生
江西储备物资管理局二五六处	36.20	本科
江西储备物资管理局三七〇处	45.25	大专
江西储备物资管理局六三二处	42.75	本科
江西储备物资管理局六七三处	36.00	大专
江西储备物资管理局九三三处	37.50	大专

二、江西储备物资管理局财务收支情况

（一）江西储备物资管理局经费构成

江西储备物资管理局的经费，主要包括公用运行经费、储备项目经费。根据经费的来源又可以分为"纵向经费""横向经费"，如图 2-9 所示。

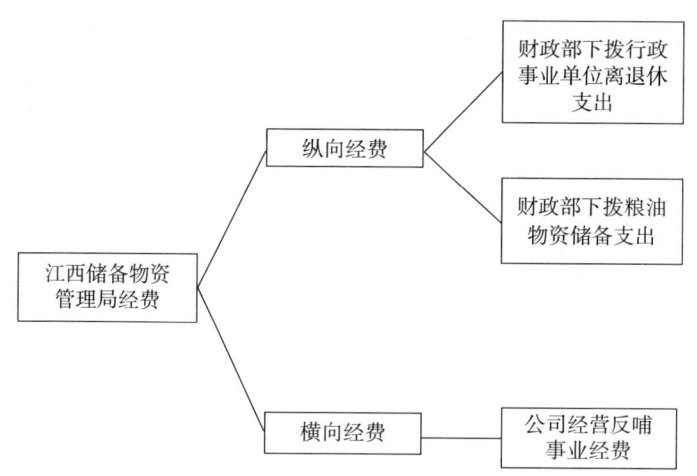

图 2-9　江西储备物资管理局经费来源

"纵向经费"包括根据职能设定、由上级主管部门审批下拨的相关经费或下级上缴经费。包括财政部拨付的归口或未归口离退休经费、住房公积金经费、住房补助经费、行政事业单位医疗经费、行政事业运行经费，以及相应的项目经费、专项经费、储备资金等。

"横向经费"主要是根据是实际情况，从其他渠道获取的经费，可以弥补"纵向经费"的不足。例如注册成立的两家公司，在各仓库的基础上承接相应经营职能，相关人员与原有单位不分离，归原单位日常管理考核，所需资产从所属处协议租借；两家公司财务管理上单独设置辅助核算账，在财务核算上将事业单位经营活动产生的全部成本性支出转入物流公司核销，将经营活动产生的收入一分为二，其中一部分作为事业收入列入事业单位核算，纳入事业单位部门预算管理，用于弥补财政性资金缺口，同时在事业单位只列支与事业收入相匹配的税金和行政性收费，另一部分收入作为仓储中心收入上交物流公司统一管理。物流公司通过支付仓储中心人员工资、承担经营成本费用、支付其他

事业单位部门预算无力承担的费用等方式反哺事业单位。

（二）江西储备物资管理局经费收支情况

考虑到笔者接触到的江西储备物资管理局财务管理情况时间，主要介绍 2014~2018 年经费收支情况。

按照现行的财务会计制度，二级预算单位的收入只包括财政补助收入、上级补助收入、事业收入、经营收入、附属单位上缴收入、其他收入 6 项。江西储备物资管理局的收入主要涉及财政补助收入、事业收入和其他收入。

江西储备物资管理局属于中央级预算管理层次，其单位支出按功能项目分类，包括社会保障和就业支出、医疗卫生与计划生育支出、住房保障支出和粮油物资储备支出等；按支出性质和经济项目分类，主要包括人员经费、日常公用经费、基本建设类项目、行政事业类项目等。

（1）2014~2018 年总体情况。2014 年年初预算收支为 6945.33 万元，年末收支为 8764.52 万元；2015 年年初预算收支为 8889.61 万元，年末收支为 9719.88 万元；2016 年年初预算收支为 10156.05 万元，年末收支为 9819.91 万元；2017 年年初预算收支为 10391.23 万元，年末收支为 8951.34 万元；2018 年年初预算收支为 10979.36 万元，年末收支为 12263.85 万元。主要收支内容如表 2-2 所示。

表 2-2 江西储备物资管理局 2014~2018 年收支总体情况　　单位：万元

项目	2014 年	2015 年	2016 年	2017 年	2018 年
1. 收入					
（1）财政拨款收入	5383.03	4996.53	4415.41	5273.74	7491.47
（2）事业收入	3381.28	3653.38	4613.57	2837.30	4086.60
（3）其他收入	0.11	7.49	3.23	17.93	611.99
本年收入合计	8764.43	8657.41	9032.21	8128.97	12190.06
用事业基金弥补收支差额		15.52		705.97	
年初结余	0.10	1046.94	787.70	116.41	73.80
2. 支出					
（1）基本支出	6195.51	6939.76	8044.44	7285.75	8502.18
（2）项目支出	839.14	1992.41	1137.90	1591.80	1148.80
（3）支出功能明细					

续表

项目	2014 年	2015 年	2016 年	2017 年	2018 年
社会保障和就业支出	228.94	228.94	228.94	228.94	228.94
医疗卫生与计划生育支出					68.82
住房保障支出					411.36
粮油物资储备支出	6805.72	8703.24	8953.40	8648.61	8941.86
本年支出合计	7034.66	8932.18	9182.34	8877.55	9650.98
结余分配	682.80		521.16		477.11
年末结转	1047.06	787.70	116.41	73.80	2135.77

(2) 2014 年经费收支情况。2014 年江西储备物资管理局所需支出中，财政拨款的保障率为 77%。除离退休和医保费用以外，其他在职员工人员费用、公用费用财政保障率为 55%，如表 2-3 所示。

表 2-3　江西储备物资管理局 2014 年财拨收入与支出情况

	财政拨款收入（万元）	支出（万元）	财拨占单位支出比（%）
合计	5383.03	7034.66	77
社会保障和就业支出	228.94	228.94	100
粮油物资储备支出	5154.09	6805.72	76
其中：事业运行	3267.99	5966.57	55

(3) 2015 年经费收支情况。2015 年江西储备物资管理局所需支出里，财政拨款的保障率为 56%。除离退休和医保费用以外，其他在职员工人员费用、公用费用财政保障率为 51%，部分储备物资相关项目费用财政保障率为 55% 和 23%，如表 2-4 所示。

表 2-4　江西储备物资管理局 2015 年财拨收入与支出情况

	财政拨款收入（万元）	支出（万元）	财拨占单位支出比（%）
合计	4996.53	8932.18	56
社会保障和就业支出	228.94	228.94	100
粮油物资储备支出	4767.59	8703.24	55
其中：仓库建设	673.00	230.24	292

续表

	财政拨款收入（万元）	支出（万元）	财拨占单位支出比（%）
仓库安防	80.00	145.22	55
事业运行	3444.59	6710.82	51
其他物资事务支出	320.00	1366.96	23

（4）2016年经费收支情况。2016年江西储备物资管理局所需支出里，财政拨款的保障率为48%。除离退休和医保费用以外，其他在职员工人员费用、公用费用财政保障率为45%，部分储备物资相关项目费用财政保障率为16%，如表2-5所示。

表2-5　江西储备物资管理局2016年财拨收入与支出情况

	财政拨款收入（万元）	支出（万元）	财拨占单位支出比（%）
合计	4415.41	9182.34	48
社会保障和就业支出	228.94	228.94	100
粮油物资储备支出	4186.47	8953.40	47
其中：仓库建设	84.00	526.76	16
仓库安防	170.00	170.00	100
事业运行	3491.33	7815.50	45
其他物资事务支出	218.92	218.92	100

（5）2017年经费收支情况。2017年江西储备物资管理局所需支出里，财政拨款的保障率为59%。除离退休和医保费用以外，其他在职员工人员费用、公用费用财政保障率为49%，如表2-6所示。

表2-6　江西储备物资管理局2017年财拨收入与支出情况

	财政拨款收入（万元）	支出（万元）	财拨占单位支出比（%）
合计	5273.74	8877.55	59
社会保障和就业支出	228.94	228.94	100
粮油物资储备支出	5044.80	8648.61	58
铁路专用线	118.00	118.00	100
护库武警和民兵支出	109.00	109.00	100
仓库建设	361.00	361.00	100

续表

	财政拨款收入（万元）	支出（万元）	财拨占单位支出比（%）
仓库安防	870.00	870.00	100
事业运行	3453.00	7056.81	49
其他物资事务支出	133.80	133.80	100

江西储备物资管理局2017年全年总支出为8877.55万元，其中人员支出为5589.39万元，占总支出63%；公用支出为1696.35万元，占总支出19%；项目支出为1591.80万元，占总支出18%，相应比重如图2-10所示。

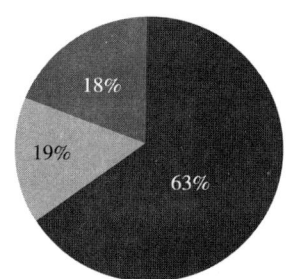

图2-10 2017年江西储备物资管理局经费支出比重

（6）2018年经费收支情况。2018年江西储备物资管理局所需支出中，财政拨款的保障率为78%。除离退休和医保费用以外，其他在职员工人员费用、公用费用财政保障率为43%，部分储备物资相关项目费用财政保障率为96%，如表2-7所示。

表2-7 江西储备物资管理局2018年财拨收入与支出情况

	财政拨款收入（万元）	支出（万元）	财拨占单位支出比（%）
合计	7491.47	9650.98	78
社会保障和就业支出	228.94	228.94	100
医疗卫生与计划生育支出	68.82	68.82	100
住房保障支出	406.00	411.36	99
粮油物资储备支出	6787.71	8941.86	76
其中：行政运行	816.39	1073.76	76
护库武警和民兵支出	100.37	100.37	100

续表

	财政拨款收入（万元）	支出（万元）	财拨占单位支出比（%）
仓库安防	357.00	370.43	96
事业运行	2905.95	6719.30	43
其他物资事务支出	176.00	176.00	100

三、江西储备物资管理局财务管理制度情况

江西储备物资管理局的财务管理制度是根据原国家物资储备局和江西省出台的各项财务管理制度的要求，结合自身单位特征制定的、现行的财务部门内的管理制度一共分为9项：《江西储备物资管理局部门预算管理办法》《江西储备物资管理局固定资产管理实施细则》《江西储备物资管理局机关财务管理规定》《江西储备物资管理局机关差旅费管理规定》《江西储备物资管理局机关公务卡管理办法》《江西储备物资管理局全面预算管理办法》《江西储备物资管理局事业单位国有资产出租出借与使用管理规定》《江西储备系统事业单位国有资产处置管理暂行实施细则》《江西物资储备系统政府采购管理实施细则》。

江西储备物资管理局为了规范单位财务行为，加强财务管理，保障物资储备任务的完成，确定的财务管理的总体原则是"执行国家有关法律、法规和财务规章制度；厉行节约，制止奢侈浪费；量入为出，保证重点，兼顾一般；注重资金使用效益"。

（一）部门预算管理制度

江西储备物资管理局通过制度建设，将单位部门预算的财务管理职责和流程进行了划分。

根据单位的组织结构，江西储备物资管理局将部门预算管理的职责分主体划分为机关和下属单位两部分。机关财务人员的职责是：贯彻执行国家有关法律、行政法规、部门规章和规范性文件，制定本系统预算管理制度；组织、开展预算管理基础工作，建立健全本级基本情况的动态数据资料库和项目库，收集、整理有关预算管理工作信息；编制、审核、汇总、批复所属各单位预算，审核本系统预算调整方案；监督检查所属单位预算执行和项目实施情况，对预算资金追踪问效，发现问题按规定的程序及时处理。下属单位财务人员的职责是：贯彻执行国家有关预算法规制度及原国家储备局、管理局预算管理制度；

建立健全本单位内部预算管理制度；做好预算管理的基础工作，建立和完善本单位基本情况数据库和预算项目储备库，收集、整理有关预算管理工作信息；及时编报预算，严格执行批复的预算，具体办理各项预算资金支出，提出预算调整；分析、总结预算执行情况等。

根据江西储备物资管理局内部职能部门的划分，预算管理工作又可分为财务部门和相关业务部门。财务部门负责统一管理、协调单位预算管理的具体工作，综合平衡单位预算收支。主要包括：研究、制定预算管理规章制度；负责预算管理基础资料收集、整理，建立和完善单位预算基本资料动态数据库、项目库；审核所属单位及有关业务部门提出的预算申请；提出年度预算收支总体规模、预算支出重点及预算安排建议；具体组织预算编制、批复、执行、调整，分析、总结预算执行情况，开展项目绩效考评，监督资金使用等。相关业务部门负责协助办理预算管理涉及本部门职责范围内事项并对提供上述资料数据的真实性、合法性负责。主要包括审核确定单位职责、机构人员编制、实有人数与结构状况；提供人员工资、津贴、补贴支出政策依据和测算标准；提供国有资产、资源占用使用情况；提供项目申请政策依据和测算标准；研究提出专项事业发展规划和项目建议，对项目进行可行性研究及效益分析，为预算编制提供项目储备；协助办理预算管理涉及本部门职责范围内的其他事项。

（二）国库集中支付管理

为进一步深化国库集中支付制度改革，规范财政授权支付业务，减少以现金支付的公务支出，提高公务支出透明度，根据《财政部中国人民银行关于印发〈中央预算单位公务卡管理暂行办法〉的通知》（财库〔2007〕63号）等有关规定，江西储备物资管理局制定了《江西储备物资管理局机关公务卡管理办法》（赣储财〔2014〕15号）。由财务处按照"职工填制工行中央预算单位公务卡申请表，银行办理"的程序为本单位在职职工办理公务卡。

在日常工作中，为落实国库集中支付、减少现金的使用，江西储备物资管理局规定了除极个别情况外，都应使用公务卡进行支付，使资金的流动能够被有效监管，减少腐败的发生，如表2-8所示。

表 2-8　江西储备物资管理局机关公务卡结算目录

序号	公务卡结算项目	备注
1	办公费	指单位购买按财务会计制度规定不符合固定资产确认标准的日常办公用品、书报杂志等支出
2	印刷费	指单位的印刷费支出
3	咨询费	指单位咨询方面的支出
4	手续费	指单位支付的手续费支出
5	水电费	指单位支付的水电费支出
6	邮电费	指单位开支的电话费、电报费、传真费、网络通信费等支出
7	物业管理费	指单位开支的办公用房、职工及离退休人员宿舍等的物业管理费,包括综合治理、绿化、卫生等方面的支出
8	差旅费	指单位工作人员因出差支付的住宿费、购买机票支出等
9	维修(护)费	指单位日常开支的固定资产(不包括车船等交通工具)修理和维护费用,网络信息系统运行与维护费用
10	租赁费	指租赁办公用房、宿舍、专用通信网以及其他设备等方面的费用
11	会议费	指会议中按规定开支的房租费、伙食补助费以及文件资料的印刷费、会议场地租用费等
12	培训费	指各类培训支出
13	公务接待费	指单位按规定开支的各类公务接待(含外宾接待)费用
14	专用材料费	指单位购买日常专用材料的支出。具体包括药品及医疗耗材,专用服装,消耗性体育用品,专用工具和仪器等方面的支出
15	公务用车运行维护费	指公务用车的燃料费、维修费、保险费等支出
16	其他交通费用	指单位除公务用车运行维护费以外的其他交通费用

(三)固定资产处置制度

对单位固定资产处置管理中的处置收入管理,是江西储备物资管理局财务管理的重要一环。处置收入是指在出售、出让、转让、置换、报废报损等处置国有资产过程中获得的收入,包括出售实物资产和无形资产的收入、置换补价收入、报废报损残值变价收入、保险理赔收入、转让土地使用权收益等。单位国有资产处置收入,在扣除相关税金、评估费、拍卖佣金等费用后,按照政府非税收入管理和财政国库收缴管理的规定上缴中央国库,实行"收支两条线"管理。

单位国有资产处置应遵循公开、公正、公平和竞争、择优的原则,严格履

续表

行审批手续，未经批准不得擅自处置。在获得上级单位批复的国有资产处置文件后，应将复印件报财政部驻当地财政监察专员办事处备案，接受专员办监督，然后财务人员根据资产处置的文件凭证对物资进行下账处理。

第四节 江西储备物资管理局财务管理制度存在的问题分析

一、财政性拨款保障制度有待完善

江西物资储备资金来源主要包括两个方面：一是财政拨款。根据规定，国家物资储备系统属于全额预算单位，但由于国家储备物资的资金来源没有相关法律规定，长期行政隶属关系又经常发生变化，导致资金长期得不到保障，资金缺口较大，一般仅够系统正常开支的一半，遇到国家下达重要收储任务，多从银行贷款解决。二是依靠创收。财政保障不足，导致各基层仓库只能利用闲置库容和设施设备进行经营创收，用于弥补事业单位经费缺口，但大多数基层单位的经营创收要受地理位置、周边环境、创收能力、国家经济形势等多种因素的影响，还没有建立起相对稳定可靠的经营创收体系。由于资金长期得不到保障，导致储备物资库存下降，得不到及时补充，仓库基础设施不能得到有效改善，仓库安全得不到保证，长此以往，对国家储备发展极为不利。

由于近两年的经济大环境不行、大量国储收储造成可用于经营创收的仓库面积减少、国有资产出租出借程序复杂、人才匮乏、没有政策优惠与市场竞争处于劣势等造成有些单位的经费保障不行，单位预算只能以收定支。但因为以收抵支是用单位的创收直接坐支后抵顶预算支出，加之抵支的限定范围较为模糊，不仅坐支内容难以控制，也使单位在安排抵顶的预算支出时随意性强，抵支的范围包括公用经费支出、项目支出、人员经费支出，甚至工作人员的部分津补贴和奖金，既不能达到弥补经费的效果，又加大了预算监督和单位财务管理的难度。

财务管理不规范，资金使用混乱使各基层单位容易形成恶性循环，造成物资管理资金不足的情况，在物资保管保养、仓库和设备设施的维修维护上面难以达到要求,这也影响政府储备物资的有效管理。

(一)人员经费缺口较大

从表 2-9 可以看出,以 2015~2017 年财拨中人员支出为例,除服务中心和宜春办事处以外,不能满足在职人员基本工资、社会保障缴费(未实行新标准的养老保险、医疗保险、工伤保险等)和离退休费的支出,这对基层单位做好本职工作、为国家管理好政府储备物资的任务加大了难度,使基层单位为单位的生存发展需要通过经营创收弥补这块经费的缺口。

表 2-9　江西储备系统 2016 年事业单位人员财政保障情况　　单位:万元

单位	人员预算财拨总额	基本工资预算	社会保障缴费预算	离退休费支出	部分人员支出合计	差额
服务中心	205.87	69.88	29.80	39.47	139.15	66.72
二五六处	426.38	177.10	33.10	226.49	436.69	-10.31
三七〇处	386.17	184	47.12	246.42	477.54	-91.37
六三二处	534.61	251.29	171.47	338.91	761.67	-227.06
六七三处	396.49	269.45	86.11	210.12	565.68	-169.19
宜春办事处	58.53	7.76	1.20	30.08	39.04	19.49
九三三处	114.32	110.85	60.22	40.00	211.07	-96.75
合计	2122.37	1070.33	429.02	1131.49	2630.84	-508.47

资料来源:江西省储备物流管理局。

只有在财务管理制度优化方面下功夫,提高资金的使用效率与内部控制,财务人员规范的对专项资金进行核算,才能在新形势下满足政府储备物资管理要求。

(二)储备物资项目管理受资金制约较大

涉及储备物资管理的资金来源一是财政部下拨的项目支出款,二是来自单位内部的自有资金,而自有资金的来源除了单位的经营创收外,就是储备资金中提取的管理费。

在物资变价款中直接提取物资管理费,是为了解决更新改造物资储备设备的资金来源,而储备系统的基层单阶由于资金紧张,并且相应的财务管理措施不到位,造成该项费用在实际使用中已经成了补充经费不足的渠道,与最初的设想偏差甚远,储备资金缺乏财务管理制度的约束。

二、财务情况公开制度执行有待落实

行政事业单位的管理人员必须认识到将财务信息透明化的重要性，基于我国的社会发展实际，这一制度要求是国家对于行政事业单位经营状况实行有效监督的重要手段之一，也是预算公开财务管理方式的一个组成部分。2016年起江西省行政事业单位监审口要求管辖单位需每月对财务支出执行情况进行公开，填写专门的公开表，由领导签字后进行公示、存档。但由于各种原因存在未能将执行进度公开表在公示栏进行张贴、直接进行存档的情况，使通过财务预算公开来提升单位预算执行参与、监督预算执行的作用无法正常发挥。

三、内控流程制度有待完善

江西储备物资管理局一直提出要加强单位内部控制，提高财务监管，曾专门聘请了会计事务所，对单位内部控制流程进行梳理，建立单位内部控制制度，但由于内部控制建立的复杂与单位业务的特殊性，内部控制流程无法与实际接轨，也无法运用到具体的财务管理中，在实施过程中发现内部控制取得的效果不好，原有流程细则无法将相关财务管理过程中的风险点梳理出来，也没有提出对应的应对举措，以上管理和制度上的缺陷都易引发财务风险。

四、预算编制与执行制度有待健全

尽管江西储备物资管理局近几年来加大了对局系统预算管理工作的重视，希望通过提高支出事前计划管理来缓解由于财政拨款不足造成的日常运作压力，但各基层单位仍然存在着不同程度的基础工作不规范、预算管理制度不健全、预算执行力弱、决算会计数据失真导致的财务管理效果不佳等不容忽视的问题。

（一）对全面预算管理制度不够重视

单位领导对预算阶段的财务管理重视不足，对财务支出预测作用缺乏认识，作为单位负责人的"一把手"更多关注的是拨款是否能够支持全年运行支出，事业收入是否能完成上级下达的计划指标。

例如，财务部门在预测单位收入情况时，为了完成事业收入指标，不按实际、缺乏依据的要求提高预算收入数额或者做出与财务部门上报的预算收入不匹配的收入支出计划。各基层单位对财务部门的预算汇报不够重视，与业务部门商定下年度任务目标与预算收入金额存在较大差异，容易导致预算执行过程中很可能出现预算收入完成情况与申报不符合的问题发生。

受基层单位领导的重视程度影响，其他处室会对预算管理工作产生抵触情绪，如果没有相关制度进行约束，员工会不愿对自身岗位将要执行的财务支出进行计划，预算管理上下游岗位的直接信息传递就不会顺畅，也会导致了资金收支信息在各部门之间的不对称，使财务会计实际支出与预算管理脱节。

各部门间的财务管理机构由于缺乏制度约束，岗位职责分工不明确，对自身认识只局限在单纯的会计核算这一职能上，有时会忽略会计人员可以在预算执行的过程中通过各项管理方式进行控制和调节有效地运用预算管理制度带来的便利，从而影响了单位的经济成果。

（二）缺乏预算执行绩效管理的相关制度

预算绩效管理是当前财务管理改进的核心内容，是体现财务管理科学化精细化水平的重要标志。近几年，从中央到省，从法律到相关文件，都明确要求全面推进预算绩效管理工作。习近平总书记在党的十九大报告中，从全局和战略高度要求"全面实施绩效管理"。中共中央政治局审议通过的《深化财税体制改革总体方案》明确提出"推进科学理财和预算绩效管理"。2004 年以来，全国人大等做出明确规定。《国务院关于深化预算管理制度改革的决定》进一步要求"健全预算绩效管理机制"。2018 年李克强在《政府工作报告》中明确提出，全面实施绩效管理，使财政资金花得其所、用得安全。

但江西储备物资管理局在绩效管理上仍处于起步阶段，有关绩效管理观念还未树立，绩效评价管理的制度有待制定，流程有待规范，绩效评价指标的操作性有待加强。

五、资产管理流程存在缺陷有待解决

在资产采购方面，江西储备物资管理局虽然会有办公室对全局下年度办公设备进行规划，又有服务部门对公务用车费用进行预测，但由于缺乏采购执行制度的规范，财务部门对政府采购计划的资金进行报备后，通常年末由于业务部门对采购任务的不重视或更改计划的随意性，导致实际使用的采购金额与财务部门申请的费用不相符，产生了采购资金浪费的情况。

固定资产处置方面，不良固定资产处置的工作由资产管理部门负责，有时资产管理部门对不良资产按程序进行了处置，但没有及时通知财务部门进行账务处理，不及时上交资产处置收入；有时新购置的资产，已经到货安装调试并投入使用，因为没有及时通知财务部门新购置资产已验收合格，导致财务部门只进行了费用的支出账务处理，没有及时进行资产的增加。这样都导致了固定资产的账目与实物的不相符。经过不定期进行的资产清查、盘点，发现资产管理部门的账目与财务部门的资产账目存在不相符现象；还有在单位人员岗位发生变动时，员工在原岗位使用资产、物品没有在部门之间进行资产的移交登记，没有严格的管理约束机制，有的公物就变成了个人财产，会造成公共财物的流失。

六、财务人才流通制度有待完善

物资储备系统长期处于较封闭状态，人员流动较少，职工一般不会解雇，普遍存在子承父业的情况。国家和江西储备物资管理局办事处每年通过国家公务员考试引进了年轻大学生，人才结构得到一定优化，但是按照现行的体制，基层储备仓库由原国家物资储备局确定人员编制，本身没有正式用工权利。整个物资储备系统的储备仓库除了引进少量的市场化用工以外，十余年来未进行正式的人员招聘。这种"进不能进、出不能出、上不能上、下下不了"的僵化劳动人事用工制度直接导致了基层储备仓库冗员过多、人浮于事、人员老化问题严重，全系统职工平均年龄均超过了40岁，陆续到了退休的年龄，财务管理规定的内控关键岗位人员轮换机制由于无人可换，导致无法正常实现。

物资储备系统人员虽然通过毕业选派、公务员招考和基层事业单位社会化用工等形式为储备系统补充了新鲜血液，但是学历全日制本科学历以上的人员占很小比例，大专以上学历人员较多，而且大多数是通过函授等方式获得，学历含金量低。另外，物资储备系统存在着重使用轻培训的问题。系统内组织的各类培训层次高、名额少，不能满足广大干部参加学习的需要。在自行组织的培训上，又多以政治理论学习和"以会代培"居多，针对市场经济、现代物流、科学管理等方面的学习较少。加上物资储备系统相对封闭，职工队伍缺少系统外的学习和实践机会，主要依靠系统内师傅带徒弟式的"传帮带"，遇到问题大部分只能靠自己摸索解决，缺乏有效的理论指导和实践锻炼，所以工作思路狭窄，管理水平偏低，创新管理能力较弱，与现代经济社会发展形势严重脱节，尤其是掌握现代储备物资财务管理技术的专业人才缺乏，制约着储备事业的进一步发展。

以江西储备物资管理局为例，近年来在江西物资储备系统上下的共同努力下，努力探索物资储备适应发展形势的新途径，成功申办了集装箱到发资质和铜期货交割仓库资质，但是在系统上下几乎找不到懂现代物流和期货交割财务管理知识的人才，业务管理受到严重影响，同时国家下发了针对新政府会计制度实施的会计核算规定和财务应用软件，但江西储备物资管理局各基层单位财务人员存在对新旧会计转换和新软件的应用学习接受困难的情况。

七、财务管理制度存在的事企不分情况有待完善

基层仓库作为财政拨款的事业单位，必须认真履职，管好国储物资，完成国家赋予的各项任务，但因财政保障资金不足，只能通过利用闲置仓库、设施设备开展经营活动进行创收，以解决自身存在的职工收入过低、设施设备陈旧老化等各种问题。基层仓库一方面要履行事业单位职能，完成上级交办的储备任务，管好国家储备物资；另一方面要履行企业职能，从事经营活动。但在实际运营中经常存在产权不清晰、主体不明确、薪酬体制不完善等问题，影响了基层仓库经营创收的积极性。同时，由于不实行经济核算和固定资产折旧，为了最大限度增加收入，不惜拼设备、吃老本，对设施设备不进行有效的维护保养，造成国有资产的浪费。事企不分的管理模式容易导致基层仓库工作重心经常摇摆不定，精力分散，方向不明确，既不能完成好国家物资储备，也不能真正抓好创收。

第五节 政府储备物资部门的财务管理制度优化

一、构建完整的财务预算管理制度体系

针对第四部分阐述的江西储备物资管理局存在的一系列财务管理制度上的缺陷，本文认为，江西储备物资管理局构建系统化财务管理体系需要按照系统化思维方式，内外发力、全面发力，构建如图 2-11 所示的系统化财务管理体系。

在外部，要积极争取财政部门建立起科学的、充足的、稳定的、长期的财政性经费保障机制，积极解决财政资金不足带来的单位管理困境，积极争取单位领导和各业务部门对财务管理工作的重视和支持，为财务管理创造良好外部环境。

在内部，要重点破解制度不完善、流程不规范、会计核算落后带来的财务管理困境，抓好机构改革的机遇，从"核算型财务"向"管理型财务"和"服务型财务"升级，主动发挥出参谋监管的作用，促进单位的财务管理工作发展。

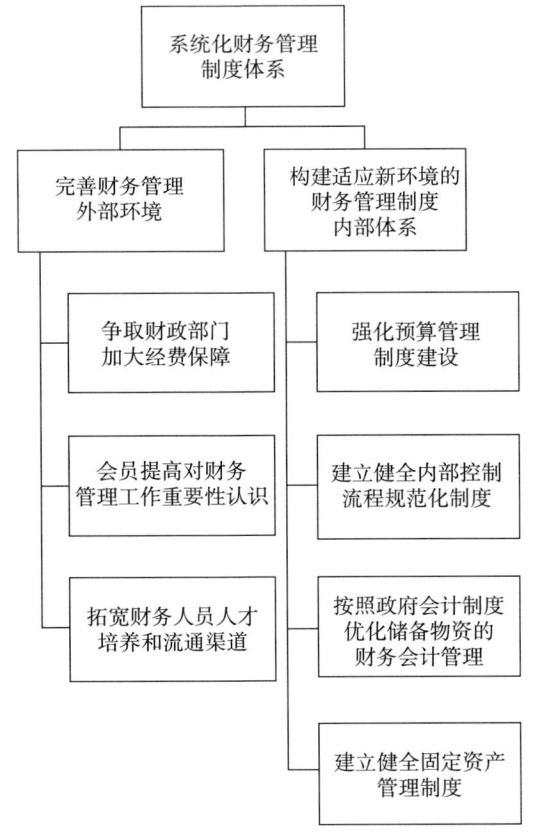

图 2-11　江西储备物资管理局系统化财务管理体系构建

二、财务管理制度外部实施环境优化

（一）加大储备物资管理单位的经费保障水平

江西储备物资管理局应该通过各种途径，积极向上级单位争取，提高财政加大对储备物资管理单位的经费保障力度,力争尽快建立起科学的、充足的、稳定的、长期的财政性经费保障机制。构建运行协调的储备物资管理经费补助机制,确保专项补助经费及时足额到位。一方面要积极争取国家发改委、财政部等部门的大力支持和经费补助;另一方面要根据江西储备物资管理局实际情况,积极协调内部各部门的统筹规划资金使用,各部门应按照当年收入情况,按照各单位的经营条件,提取部分的资金进行归口统一调配,用于补充各部门出现的财政资金缺口,避免突发性资金短缺,保证政府储备物资管理活动的正常进行。

(1) 争取人员经费的完全保障。积极呼吁财政部门落实相关规定,争取财政部门能够按照单位在编在岗人员足额拨付人员经费,避免为影响单位运行而挤占政府储备物资管理项目经费。

(2) 争取储备物资项目经费的稳定有效保障。充分发挥单位立足国家中央储备,保障国防建设,支持国家突发情况应急响应优势,立足全国、江西储备物资管理大局,积极响应国家《关于做好国家物资储备"十二五"事业发展规划编制工作的通知》精神,科学制定单位中长期科研发展规划,积极争取中央财政、省级财政和上级主管部门给予一定额度的稳定性储备物资支出经费支持。同时,充分调动财务人员力量,合理有效地使用有限的财政拨款资金。为保证储备物资管理的资金所需,提出以下几点建议。

一是将储备物资日常管理费用和存体能力维护费等相关费用列入年度中央财政预算,以适应储备系统改革发展的需要,更好地发挥储备系统在国家经济建设中的战略物资。

二是根据储备系统的收储实力,依据市场的需求、形势及国家的宏观经济政策实施,在资金来源的安排上,建议对国家战略储备物资不宜进行市场轮换的物资,如稀贵金属以及特别需求的重要长期储备物资采取财政资金收储,通过降低储备成本保障国家安全需要。这类物资储备周期长、需求低、资金周转慢、支付贷款利息多;对宜进行市场轮换的经济调节储备物资,如成品油、有色金属等紧缺产品,采用专项贷款资金进行收储,根据国家政策配合宏观调控,达到储备资金的有效运转,对抗震抗洪抢险等应急救灾储备物资,也可采用专项贷款资金进行规模收储,从政治高度彰显储备系统公益和社会责任。

三是积极争取国家的支持,适当增加储备资金周转金。近年来,储备职工在上级的领导下努力拼搏,储备实力不断壮大,要适度增加储备资金周转金,可简化收储环节和手续,降低收储成本,保证临时性收储任务的需求,巩固储备队伍的和谐稳定，更好地参与宏观调控。

四是积极向国家局提出建议，力争把仓库建设和改造资金列入国债和中央预算内投资计划。

（3）通过做好资产经营，反哺储备经费。积极做好事企分离、储经分离，多角度、多渠道地合理使用资产，保证仓库利用率达90%，设备利用率达80%，提高掌控公司的"造血"能力，实现经费的可持续性发展。

（二）提高单位各部门对财务管理工作的重视

单位在预算管理中出现的问题，与单位整体预算管理理念落后、激励及约束制度不健全是分不开的，因此必须要扭转在预算管理时"重资金分配、轻执行监管"的局面。一个事业单位的预算管理程度与单位领导者对预算管理的重要性的认识程度密不可分，所以要改善单位的预算管理的内部环境，提高单位整体的预算管理意识首先要转变单位领导者的预算管理理念，强化领导者的预算管理意识，使其对单位的预算管理工作给予足够的重视与支持，因为单位的每个人对工作上的要求，在客观上都是以单位领导者的意愿为主的，领导关注了，全体员工就更重视并谨慎行事了。其中，需要强调指出的是加强预算管理不是加强对单位资金调配的约束，而是要建立单位各项业务全面、均衡、协调发展的良性运行机制。

要提高单位领导对财务管理的认识，现阶段搭建一个信息化学习平台，将最新的财务管理要求和相关通知及时给领导传阅学习，让他们对本单位的预算管理工作做出比较。学习文件、没有实效的考核评比，不能从本质上达到让领导们提高认识的目的。如某位领导特别重视预算管理工作，他把预算管理在局系统各基层预算单位中进行了强制性的控制，并在各种场合大力宣传预算管理的重要性，而且在基层单位领导的目标责任制考核中，引入了预算管理的"一票否决制"。换句话说，是领导们的领导重视了，领导也就重视了。从这个过程中，我们发现：直接领导即上级主管单位的重视，其实是对单位领导重视预算管理工作最有效的鞭策，也就是说提高单位领导对预算管理的重视，需要上级主管单位的积极引导和大力支持。

现实是最好的教育手段。例如，上级主管部门可以在特定场合、在一定范围内，把各基层单位的主管领导集中在一起，邀请财务部门、会计部门，甚至专业的会计师事务所的专业会计师，分析、通报单位的预算管理情况、预算执行情况、领导的任期经济责任审计情况、目标责任制考核情况，让各单位的领导对自己单位的预算管理工作真正做到心中有数，可以比较出自己单位的预算管理工作与其他单位的差距，还可以让这些基层单位的领导以其他单位在预算管理中存在的问题引以为戒，并找到在今后自己单位的预算管理工作中的改进方向。重要的是，将单位的预算管理工作与单位主要领导的目标责任制考核的奖惩挂钩，可以施行"金钱加大棒"的政策，也就是说对预算管理做出惩罚要远大于预算管理不好带给单位领导或单位的小群体利益，迫使那些不重视预算管理工作的领导不得不重视预算管理工作。

财务管理工作不仅是单位领导者个人和财务部门单独部门的工作，它需要事业单位所有职能部门及全体员工的共同参与，所以有必要建立切实可行的考评激励机制，强制性地强化职工的预算管理意识，并使其在今后的日常工作中逐渐常态化，将预算的执行情况与员工的绩效考核挂钩，结合考核结果给予相对适当的奖与罚，来调动单位全体职工参与预算管理的主观能动性，实现预算管理在单位内部各层级、各环节的及时沟通、有效激励及严格控制的目的，促进单位的预算管理能够形成良性的循环。

（三）建立财务人员流通培养制度

1. 理清岗位职责、提高换岗效率

针对新会计制度的财务要求，明确财务人员的分工与职责，如表2-10所示，签订相应的《岗位责任确认书》，可以有效地明确财务人员轮换岗位，避免出现原有的"换岗"后工作职责不变、财务人员内部控制机制失效的情况。

表2-10 江西储备物资管理局财务部门岗位设置及岗位职责建议

序号	岗位	职责
1	科长	负责财务科全面工作
2	预算会计	负责部门预决算的统筹工作、涉及预决算的其他报表工作
3	经费会计	财政拨款和非财政拨款核算、统筹资金管理、负责党费和工会经费管理、住房公积金辅助账务管理
4	储备资金会计	负责储备资金、专项收储资金和贷款物资资金管理、固定资产投资资金管理
5	稽核员	负责对单位账务工作的全面稽核、财务票据的领用管理
6	出纳员	负责银行存款、现金收支管理、个税申报等外出业务

2. 加大新进人员的数量，降低年龄层次

由于储备物资管理地点一般都在乡村里，与周边地区接触有限，2014~2018年，江西储备物资管理局财务岗位招聘新进大学生5次，共招聘进单位

7人，截至2018年底，留下的大学生只有3人，其余人员陆续辞职或考走，原因就在于招聘的条件要求过高，但实际工作环境、工资水平无法匹配。针对这种情况，建议江西储备物资管理局财务人员招聘学历标准可以适当放宽到非"985"院校、"211"院校甚至大专学历的毕业生，鼓励刚离校或老家归属本地的大专学生报考，对录入的人员，提高相关薪酬，留住这些会计人才，让他们扎根基层，这样有利于优化基层会计的年龄结构、数量以及专业水准。

3. 加强财务管理培训，提高人员专业素质

会计工作对一个人的专业性和技术性条件要求很高，它要求会计人员有夯实的专业素养及丰富的实战经验。为此，各相关部门、事业单位都应对其内部会计人员进行培训，为他们提供学习专业知识的机会，来帮助他们提高自己的业务办理能力，进一步提升其工作素养，帮助其积累大量的实战经验、紧跟时代步伐。新政府会计制度的实施提出了更高的要求，相关会计制度也发生了变化，江西储备物资管理局不能只依赖于上级部门的选派培训，还应通过请专家、视频电视电话会议等形式开展不同的财务培训，针对最新的财务制度，进行讨论交流，来提高财务人员的学习兴趣与主动性。

三、财务管理内部制度建设优化

（一）全面预算管理制度补充

1. 建立涵盖全面的预算管理结构

江西储备物资管理局应建立起分工明确、责任到位的预算管理负责体系，笔者认为该体系按分工阶层可分为预算领导小组和预算工作办公室。

预算领导小组应该全面负责江西局全面预算管理工作，决定财务预算目标、政策；制定财务预算管理的具体措施和办法；审定企业、事业单位预算方案和预算调整方案；解决财务预算编制和执行中的重大问题；决定考核财务预算执行情况的方案及奖惩意见。

预算工作办公室则负责拟订财务预算目标、政策；拟订财务预算管理的具体措施和办法；审核企业、事业单位预算方案和预算调整方案，提出意见；协调、解释财务预算编制和执行中的一般问题；提出考核财务预算执行情况的方案并具体组织实施，并提出奖惩意见。

具体财务管理执行人员需要负责本单位预算编制和上报工作；负责将财务

预算指标层层分解，从横向和纵向落实到内部各部门、各环节和各岗位，形成全方位的财务预算执行责任体系；严格执行各项预算，将年度预算细分为季度预算和月份预算，以分期预算控制确保年度财务预算目标的实现；及时分析预算执行差异原因，认真解决预算执行中存在的问题；做好预算的综合平衡、实施好考核和奖惩工作。

2. 建立预算执行报告制度，做好预算公开

江西储备物资管理局不光要重视预算编制工作，还应加强预算执行情况的总结与分析，对预算执行中发现的问题及时提出处理意见或改进措施。

针对预算执行情况分析应包括：预算单位取得收入的来源、总量、结构、潜力，支出的总量、结构、范围、标准和效益，各项收支预算的实际执行进度与事业任务和工作计划进度是否协调，影响收支预算执行的因素、影响程度及解决措施，资金的使用效益等。

除了对预算执行情况进行分析外，江西储备物资管理局还应该建立预算执行情况报告制度。事业单位应按规定的格式、内容和要求，定期向管理局报告预算执行情况。预算执行情况报告制度包括定期报告和专项报告两种。按照国家关于推进事业单位预算信息公开的通知要求，江西储备物资管理局各部门还应定期公示本单位预算收支明细科目，接受群众监督、促进民主理财。

3. 提高预算各环节监督检查管理制度

通过梳理单位预算环节，预算监督检查可以包括对预算编制的监督检查、对预算执行的监督检查和其他方面的监督检查。

对预算编制的监督检查，包括预算的编制是否符合国家有关法律、行政法规、部门规章和规范性文件的规定，是否体现单位职责履行和中心工作任务完成的需要；收入预算是否积极可靠；支出预算是否贯彻了综合预算、统筹安排、保证重点、兼顾一般的原则；预算编制是否收支平衡、数字准确、内容完整、说明清楚；是否按规定的程序与要求编报。

对预算执行的监督检查，包括预算收入是否依法按计划实现，收支预算进度是否与单位行政工作任务和事业计划相适应；各项应纳入单位预算的收入是否纳入单位预算，有无隐瞒预算收入等问题；各项收费是否按规定的范围和标准收取，应缴财政预算和财政专户的收入是否按规定及时、足额上缴，并实行"收支两条线"管理；各项支出是否符合国家有关法律、行政法规、部门规章和规范性文件规定；是否按预算管理规定和批复的范围、内容办理支出；预算

执行过程中所发生的追加、减少事项是否符合规定的要求；项目实施进度与资金的使用是否一致，项目完成后项目单位是否组织验收，资金使用效益如何；有无违反政府采购和财政国库管理制度改革有关规定，违规使用资金；预算资金的请领拨付是否及时，以及年度财务决算报告是否真实、准确、完整，并及时报审等。

其他方面还包括是否建立了单位内部预算管理制度，预算管理各环节的文件、资料是否齐全、完整等。

江西储备物资管理局应该根据监督检查情况，加强研究与分析，并写出监督检查总结报告。对发现的问题，要区分不同情况、不同性质，分别提出不同的处理意见或改进措施，对相关问题要认真、及时地整改，并对违反财务管理行为进行处理。

4. 建立资金项目绩效考评机制

年度项目执行结束后，应完整上报各项目资金使用绩效情况。建立起江西储备物资管理局应向国家编报本局预算资金使用的总体绩效报告的制度体系。

按照整体储备局的管理情况，资金总体绩效报告要依据管理局职能、整体战略规划、一定时期事业发展计划和年度工作计划，并重点结合当年财政补助预算资金安排情况等编写。

对资金总体绩效报告要结合本单位情况，给出自评意见，提高对自我管理的梳理，按照财政项目支出绩效评价管理办法及国家相关文件要求，认真制订项目绩效评价计划，及时完成绩效自评报告，江西储备物资管理局应及时组织项目绩效考评工作，并形成项目绩效考评报告，在规定的时间内上报项目单位自评绩效报告和江西储备物资管理局项目绩效考评报告，报送国家财政部门审核。

建立项目绩效考评制度，自主开展对项目执行情况进行全面总结，追踪问效，不断提高项目资金的使用效益。自主开展形成的项目绩效报告和绩效评价报告报送上级管理部门查阅，提高项目评价对相关资金财务管理的监督作用。

根据江西储备物资管理局项目重点和储备物资管理的工作目标，笔者认为对项目的考核评估具体可以从项目完成情况、财务状况、资源使用情况、服务满意度等方面来进行考察、评价，如表2-11所示。

一是项目完成情况。通过收集项目资料、各种统计数据，对项目进展与项目合同的一致性及其优化程度进行评估。通过对收发货时间、收发货水平、物资码垛情况、物资入库后日常维护情况、物资储存期间的质量、物资管理的安全、物资管理的效率等方面的测定,对物资管理效果进行评估。

表 2-11 项目绩效评估指标

项目名称			
项目机构			
评价指标			得分
一级指标	二级指标	三级指标	
项目完成情况 (40%)	物资出入库管理水平 (10%)	收发货时间	
		收发货水平	
	物资日常保管水平 (30%)	物资码垛情况	
		物资入库后日常维护情况	
		物资储存期间的质量	
		物资管理的安全	
		物资管理的效率	
财务情况 (30%)	项目支出合理性		
	财务管理		
资源使用情况 (20%)	人员情况		
	库房货场情况		
	设施设备使用		
服务满意度 (10%)	原国家物资储备总局对项目运作情况的满意度		

资料来源:江西储备物资管理局。

二是财务情况。通过参照相关法律及项目合同等法律性文件,对项目资金支出的合规性和合理性、预算管理、财务管理、资产管理进行评估。

三是资源使用状况。对项目要求相适应的人员数量、专业人员数量、对员工提供培训的能力以及库房货场设施设备使用等方面进行评估。

四是服务满意度。通过问卷、访谈等方法,了解原国家物资储备总局的满意度。征询原国家物资储备总局对项目实施情况的意见、建议及评价。

(二)理顺内控管理流程

根据江西储备物资管理局的财务活动,其内控目标可定为5个方面:一是合理保证江西储备物资管理局的经济活动合法合规;二是合理保证江西储备物资管理局的资产安全和使用效率;三是合理保证江西储备物资管理局的财务信息真实完整;四是有效防范舞弊和预防腐败;五是提高公共服务的效率和效果。

1. 收支管理的内部控制制度

笔者参照了原国家物资储备局《国家物资储备局资金结算与监管工作流程》《国家物资储备局因公临时出国和因公短期出国培训费用管理实施细则》《国家物资储备仓库运行维护财政专项资金管理办法》《国家物资储备局关于加强国家储备成品油出库费预算管理的通知》《国家储备物资进货费用管理试行规定》等规定,制定了江西储备物资管理局的核心收支管理控制流程表,详情如表2-12所示。

表2-12 江西储备物资管理局收支业务控制流程

流程名称	控制目标	风险因素	控制措施
国库集中支付	用款计划经严格的审核审批;资金的支付按程序进行操作;保证资金的用途和流向;防范预算资金风险	用款计划未经严格的审核审批;资金的支付未按程序进行操作;资金的用途与流向与实际不符;给预算资金带来风险	相关处室/管理局(处)负责人对分月用款计划进行审核,并出具审核意见
			财务处经办人汇总审核提交的用款计划,处长对汇总的分月用款计划进行审核,并出具审核意见
			处长对汇总的分月用款计划进行审核,并出具审核意见
			相关处室/管理局(处)负责人对直接支付申请进行审核,并出具审核意见
			财务处经办人汇总审核提交的支付申请
			处长对直接支付申请进行审核,并出具审核意见;相关处室进行会签,并出具会签意见
			分管局领导对直接支付申请进行审批,并出具审批意见后报送财政部
储备资金结算	相关环节对于供应商或代理商提供的结算相关资料审核细致,能够及时发现存在的错误并纠正	供货商或代理商提供的结算相关资料可能有误,相关环节对于存在的错误没有及时发现和纠正,可能导致多付或少付款	业务处审核供货商或代理商结算相关资料
			审核结算资料后出具《结算审核意见》
			财务处依据《业务审核意见》和《结算审核意见》复核起草签报
			业务处审核
			分管财务及相关局领导审批

续表

流程名称	控制目标	风险因素	控制措施
管理局备用金管理	相关环节审核把关严格，管理局、办事处提交的备用金申请符合实际需要，借款及归还表报准确	管理局、办事处提交的备用金申请可能不符合实际需要，相关环节审核把关不严，可能导致备用金拨付错误；结算科编制的归还储备金明细表可能有误，相关环节在审核时未能及时发现并纠正，可能导致借款及归还错误	分管办公室领导批分
			财务处何相关业务处复核起草签报
			分管财务及相关局领导审批
			财务处据相关文件复核起草借款及归还签报
			分管财务及相关局领导审批

资料来源：笔者绘制。

2. 专项贷款控制

江西储备物资管理局物资储备借款金额较大，加强对举借债务的内部控制，能够有效防范因举债而带来的财务风险，保持健康的财务状况，并保证债务资金的安全和使用有效。专项资金贷款的目标应该是加强专项贷款管理，严格审核审批，降低专项贷款成本，保证国家战略物资收储目标的实现，如表2-13所示。

表2-13 江西储备物资管理局专项贷款业务控制流程

流程名称	控制目标	风险因素	控制措施
专项贷款管理	加强专项贷款管理，严格审核审批，降低专项贷款成本，保证国家战略物资收储目标的实现	贷款银行的选择未按程序进行，审核审批不严格，导致利用承贷行选择机会寻租，贷款条件相对不利，使储备局利益受损	处长对工作小组编制的招标文件及专业机构编制的招标文件进行审核，并出具审核意见
			分管局领导对招标文件进行审批，并出具审批意见
			处长对工作小组及中介机构形成的开标、评标等资料进行审核，并出具审核意见
			分管局领导对开标、评标等资料进行审核，并出具审核意见
			局长对开标、评标等资料进行审批，并出具审批意见后报送财政部批复

资料来源：笔者绘制。

第六节　结论与展望

　　财务管理问题是个多角度、多方面的话题，不同的单位性质对应着不同的财务管理要求和财务管理制度，研究财务管理需要以问题为导向，针对具体单位的情况持续加以改善。

　　本书以江西储备物资管理局财务管理问题为对象，通过对该储备物资管理系统的特殊性进行分析，找准单位的特殊性对财务管理制度的需求。得出江西储备物资管理局的财务管理优化重点应该针对以下五个方面：一是预算执行监督；二是财政性资金保障率；三是内控流程管理；四是人才管理；五是绩效建设管理。

　　本书对照着国家行政事业单位财务管理要求，对江西储备物资管理局财务管理现状进行了分析，通过笔者日常的工作观察，找出了整个财务管理过程存在的问题。一是财政性拨款保障机制执行有待健全，单位人员经费缺口过大，财政性拨款占收入的比重过低，降低了单位对主流任务的行使；二是财务性公开制度执行力度有待提高，存在较大的随意性，没有发挥出财务公开制度带来的提高全员参与监督的作用；三是内控流程制度执行有待完善，日常操作缺乏参考价值，不能起到指导性作用；四是预算计划与预算执行制度有待健全，计划和执行情况存在脱节，造成了资金的浪费；五是资产管理流程存在缺陷有待解决，造成报表数据有误；六是财务人员流通制度有待完善；七是财务管理制度存在的事企不分情况有待完善。

　　针对存在的问题和原因，本书提出江西储备物资管理局的财务管理制度优化要做到内外发力。

　　在外部环境方面，积极申请加大财政保障力度，提高财政收入比重，优化收支结构，要提高对财务管理的重视力度，提倡全面的财务管理，使各部门积极响应，参与到财务管理中来，提高财务人员对新政府会计制度的认识，熟练使用政府财务报告软件，学习新的权责发生制核算方式，做好储备物资的新旧会计核算转化，预算会计和财务会计并行。

　　在内部要求方面，除了从预算执行过程、执行效果报告、项目绩效管理等角度加强预算、资产和财务公开的管理，健全单位全面预算管理制度，还要认真梳理单位已有的核心内部控制流程管理，使单位加强对国库集中支付的财务监督力度，细化风险责任，使储备物资资金和相关现金管理能落到实处，有章可循，监督有理，执行有据，为单位提升财务管理以及储备物资管理打下坚实的基础。

国家经济发展新常态对国家战略物资储备提出了新要求，面对当前我国全面深化改革的大环境，如何跟上改革的步伐，不被时代所抛弃，真正做大、做强战略物资储备，为国家安全和经济发展做出应有的贡献是笔者作为储备物资系统的一名财务人员所希望看到的。

第三章

高校大学生创业孵化基地运营现状及发展对策研究

第三章 高校大学生创业孵化基地运营现状及发展对策研究

高校大学生创业孵化基地为大学生创业者提供相关的孵化环境，提高大学生的创业成功率，以创业促进就业，为解决大学生就业难的问题提供了一条解决路径。本章对创业孵化基地的相关理论和概念进行了介绍，选取江西省南昌地区6所高校进行了调查问卷研究，并对国外高校大学生创业孵化基地建设的经验进行介绍，最终提出完善高校大学生创业孵化基地建设的相关对策建议。

本章分为六节：第一节介绍了研究背景及意义和文章结构等；第二节是高校大学生创业孵化基地的相关理论和概述；第三节是基于问卷调查的江西省部分高校创业孵化基地运营现状及问题分析；第四节是国外高校大学生创业孵化基地建设的经验借鉴；第五节是完善高校大学生创业孵化基地建设的对策建议；第六节是结论。

通过本章的分析可知，随着国家对大学生创业的重视程度及扶持力度的提高，大学生创业孵化基地建设会不断地发展和进步，将会有很多大学生创新型企业涌现，相信大学生创业孵化基地能够不断孵化出优秀的企业，从而促进大学生就业率及区域经济的发展。

第一节 绪论

一、研究背景和意义

（一）研究背景

近年来，江西省每年高校毕业生规模约30.7万人，加上往年剩余的未就业的高校毕业生约10万人，合计每年有40.7万高校毕业生需就业。面对如此庞大的就业大军，鼓励大学生创业，实施以创业带动就业的政策无疑是缓解就业压力的有效途径之一。但有关资料显示，当前52%即将毕业的大学生有创业意愿，但就其成功率而言，全国大学生创业成功率最高的浙江省为4%，而江西省大学生创业的成功率只有1.2%，大多数大学生的创业以失败告终。基于此，提高大学生创业效率是实现以创业带动就业的关键。大学生创业孵化基地作为大学生新创企业诞生和聚集的"催化剂"，它通过为大学生创业者提供诸如在研发、生产和经营的场地、通信、网络和办公的设施以及在教育培训、信息咨询、政策、融资、法律等方面的有力支持，从而减轻大学生创业的风险，是提高大学生创业成功率最为有效的策略之一。

大学生创业孵化基地为大学生创业者提供的正是这样一种孵化器环境，即为进入基地的大学生创业团队提供全方位的孵化服务，使其在孵化器环境下茁壮成长，最终成功孵化，走向市场。国务院在《国务院关于进一步做好普通高等学校毕业生就业工作的通知》中明确提出，在充分发挥各类创业孵化基地作用的基础上，因地制宜建设一批大学生创业孵化基地，并给予相关政策支持。江西省大学生创业孵化基地建设应以实现社会创业为理念，以服务、引导大学生创业、培养大学生创业意识和创业能力为宗旨，以优化创业环境、提高大学生创业成功率为目的，集创业理论研究、创业能力培养、创业实践操作于一体的，政府、社会、高校多方协作的新型组织模式。但现实中，江西省高校大学生创业孵化基地在具体运行过程中碰到了各种各样的问题，同时大学生创业孵化基地为大学生创业提供全方位的支持效果并不明显。

（二）研究意义

笔者认为对高校大学生孵化基地运行现状及发展对策进行研究具有重要的理论意义和实践意义。

从理论层面来讲，当前我国很多高校正在开展大学生创业孵化基地的研究和建设，为大学生提供不同类型的创业教育课程，但是还没有达成普遍共识，需要从理论上进行相应的总结和探讨，不断通过实践过程来完善和丰富创业孵化基地建设的相关理论。通过对高校大学生孵化基地运行现状及发展对策进行研究，有利于完善高校大学生创业教育体系，补充高校大学生创业教育课程，为高校大学生创业孵化基地的建设实践提供相应的理论指导。

从实践层面来讲，高校毕业生是国家宝贵的人才资源，是建设创新型社会的主力军和人才保障。高校毕业生就业与创业工作事关建设江西经济结构转型发展的实施，事关产业结构的升级和经济增长方式的转变；事关高层次人才资源的合理配置。建设省级大学生创业孵化基地，构建规范有效的孵化机制，是大学生创业教育和创业活动的基础工程，意义重大。本章以江西省部分高校为研究对象来进行调查研究，探讨高校大学生创业孵化基地运行现状及存在的问题，并提出完善高校大学生创业孵化基地建设的对策建议，这对我国高校大学生创业孵化基地建设具有重要的实践意义。

二、高校大学生创业孵化基地研究

（一）创业孵化基地的概念及功能

高校大学生创业孵化基地，是指在政府部门的倡导下，通过校企合作的方式建立的，以校内外各类实习或见习单位为载体，具有创业孵化功能的实践基地。该实践基地为大学生提供各种实习和见习的机会，并负责对大学生进行必要的知识辅导和创业培训，为大学生今后创业进行必要的引导和培养。它为大学生今后创业提供全方位的服务，其不仅给有志于创业的大学生提供一个创业实践活动的平台，而且通过创业教育、创业咨询与信息延伸化的服务，为大学生创业提供全方位的支持和帮助，不仅能够提高大学生的创业意识，而且有利于高校以创业带动就业，解决大学生毕业就业的压力。其功能主要体现在以下几个方面。

1. 实施全程化服务，为大学生创业提供全面的孵化支持

高校大学生孵化基地是培育大学生创业者的"温床"。大学生由于各方面实践经验的缺乏，如果没有相应的组织机构进行相应的辅导，大学生创业很有可能会面临困境，因此大学生创业孵化基地承担着为大学生创业者提供孵化环境，鼓励和支持大学生创业的职责。一是基地设有创业咨询服务机构。该服务机构为大学生创业者提供必要的咨询、管理技巧培训，同时为创业者提供必要的法律咨询、商业规则等服务，避免大学生在创业过程中出现纠纷。二是为大学创业者提供"一站式"服务，将税务、公司、社保、科技、银行等相关单位引入基地，为大学生创业提供最大的便利，简化手续过程，使大学生创业者将更多的精力放在创业上，避免不必要的精力浪费。三是为大学生创业者提供必要的硬件设施及软服务，硬件设施包括场地和设备设施等，软服务包括给创业者解决档案管理及户籍落户等，为创业者解决后顾之忧。

2. 全方位开展大学生创业教育，培训创业型人才

国内很多地方高校的创业教育起步较晚，虽然取得了一定的成绩，但总体来说并不是太完善。存在多方面原因，其中重要的一点是高校缺乏培训实践基地。因此，大学生创业孵化基地首要任务是为大学生创业者提供创业的实践基地，不断深入地推进大学生创业教育的发展。大学生创业孵化基地，通过全方位地开展大学生创业教育培训，为大学生未来创业奠定良好的基础。

3. 扶持具有市场前景的大学生创业企业，推动地方经济的发展

我国大学生就业难的问题，反映了大学教育和社会实践需求存在脱节现象。随着大学生就业人数的不断增加，"以创业促进就业"是缓解大学生就业压力的一个重要途径。通过大学生创业带动就业有助于推动高校教育改革，促进高校向培养满足社会实际需求的人才办学理念转变。高校大学生孵化基地为学校和企业提供了沟通的纽带，构造了产、学、研"三位一体"的创业环境，扶持了具有市场前景的大学生创业企业，推动了地方经济的发展。

（二）国内外研究现状

1. 国外研究现状

20世纪80年代后期，西方国家提出了一种新的教育理念——创业教育。创业作为推动经济增长和社会发展的重要载体，在经济发展上越来越表现出活跃的一面，尤其是在推动就业、提高自主能力方面有着重要作用。

1987年，英国政府为推动经济发展和解决就业问题，发起"高等教育创业"计划，这是英国政府实施大学生创业教育政策的开端。此后，英国政府相继制定并实施了一系列促进大学生创业教育的政策，对高校的创业教育给予支持和引导。1999年，英国政府贸工部拨款建立了英国科学创业中心来管理和实施创业教育。2008年4月，英国政府成立了专门机构"小企业服务"中心，主要为创业提供建议和援助。2011年9月，英国教育与技能部、"小企业服务"中心共同出资70万英镑作为基金，成立了英国大学生创业委员会，全面负责英国国内的创业教育。英国创业教育资金80%来自于公共资源。1998年由政府、卫康基金等共同出资设立了"大学挑战基金"。该基金共设有种子基金5000万英镑，其中政府出资2000万英镑。1999年，英国政府设立了科学创业挑战基金。截至目前，总投资额已经超过了5700万英镑。2001年英国政府启动了高等教育创新基金，截至目前，该项基金向产业和社区延伸基金共计为1.4亿英镑。同时，英国政府还出台减税政策，鼓励有利于大学生创业的投资。从2010年起，英国政府出台诸多法规鼓励创业投资。此外，英国政府启

动创业项目，鼓励大学生创业。

美国政府高度重视大学生创业教育，创业学已成为美国大学尤其是商学院和工程学院发展最快的学科，高校创业教育得到了社会资金的大力支持，美国政府还专门设立国家创业教学基金推动创业教育发展。美国大学内部也基本上都设有创业中心，把教师和学生的研究成果转移给企业或者直接创办的企业及非营利组织。创业教育在美国已经形成了一套相当完备的体系和社会化的创业教育网络，其中包括创业教育中心、创业家协会、智囊团、创业研究会、家庭企业研究所等组织机构。雄厚的师资力量是美国创业教育成功的关键。各院校都有稳定的教师队伍。美国高校非常重视教师的创业实践经验，鼓励和选派教师进行创业实践体验，提高教师创业教育水平。

2. 国内研究现状

1989 年 11~12 月初，大学生创业教育走进我国，联合国教科文组织在北京召开了"面向 21 世纪教育国际研讨会"。会上提出了学习的"第三本护照"，即"事业心和开拓教育"，强调教育要培养学生开拓事业的精神和能力，也就是后来所说的"创业教育"。而我国提出创业教育的理念始于 1999 年 1 月公布的《面向 21 世纪教育振兴计划》，其中提到要"加强对教师和学生的创业教育，鼓励他们自主创办高新技术企业"。2002 年 4 月，教育部开始启动创业教育试点工作，使"大学生创业教育"成为高等教育关注的热点。由此，我国创业教育的研究开始跨步向前。2009 年我国国务院发布了《国务院办公厅关于加强普通高等学校毕业生就业工作的通知》（国办发〔2009〕3 号）明确规定要鼓励和扶持高校毕业生自主创业。充分调动大学生就业的积极性，为解决高校毕业生就业找到一条出路，也是促进科技成果转化的有效途径，是大学生实现自我价值、促进社会和谐发展的重要手段。在当前大学生就业形势十分严峻的情况下，大学生创业日益受到政府和社会各界的关注。党的十七大明确提出，要完善支持自主创业自谋职业的政策，使更多的劳动者成为创业者。大学生是最具活力和创造性的群体，蕴含着巨大的创造热情和创业潜能。各级政府要把鼓励和引导大学生创业摆在重要位置，积极营造良好的环境，加大政策扶持和引导力度，为大学生自主创业构建绿色通道。

我国部分大学生创业孵化基地的建设已有一定的规模，在促进大学生创业方面取得一定的成效。然而，在大学生创业孵化基地的管理模式上仍处于不成熟阶段。

我国教育部、科学技术部于 2001 年首批批准成立和认定了 15 个国家级大学创业孵化基地。其中,合肥大学创业孵化基地按照"政府引导、多元集资、市场运作"的模式实施。安徽省政府设立合肥大学创业孵化基地工作指导委员会及其办公室,对创业孵化基地实行统一领导、统一管理。并且按照市场经济的运行机制,由安徽省科技厅、教育厅、中国科技大学等5家单位共同投资发起设立合肥国家大学创业孵化基地发展有限责任公司,作为合肥大学创业孵化基地的建设主体。

综观国内外研究现状可知,尽管国内外学者或政府部门从不同层面对高校大学生创业问题进行了一系列研究和论述,其中国外的相关研究虽然对我们有一定的借鉴意义,但是由于每个国家的具体国情不一样,需要对我国高校大学生孵化基地的现状进行详细的分析;我国为了支持高校大学生创新创业出台了一系列相关政策,高校大学生创业孵化基地的建设也处于摸索的阶段,并没有完全成熟的经验可以借鉴,同时专门对"高校大学生创业孵化基地运行现状及发展对策"的分析较少,因此对高校大学生创业孵化基地运行现状及发展对策进行研究是可行的。

三、研究内容和技术路线

本章运用文献资料法与实地调查法相结合,在理论研究的基础上,通过问卷调查方法记录并总结江西省部分高校大学生创业孵化基地的现状、存在的问题等,对江西省部分高校大学生创业孵化基地进行实地调查,为本章研究搜集第一手资料。在对调查结果进行详细分析的基础上,对完善高校大学生创业孵化基地建设提供参考意见。

本章的技术路线如图3-1所示。

本章分为六节。

第一节为绪论。介绍本章的研究背景及意义,对高校大学生创业孵化基地研究阐述,对创业孵化基地的概念及功能进行简单介绍,对国内外研究现状进行梳理和阐述,并且提出本章的技术路线图和主要内容,研究的创新与不足之处。

第二节为高校大学生创业孵化基地相关理论和概述。对创业孵化基地建设的相关理论、意义及创业孵化基地运营管理进行阐述。

第三节为基于问卷调查的江西省部分高校创业孵化基地运营现状及问题分析。包括调查问卷的设计、问卷调查的统计结果分析、江西省部分高校创业孵

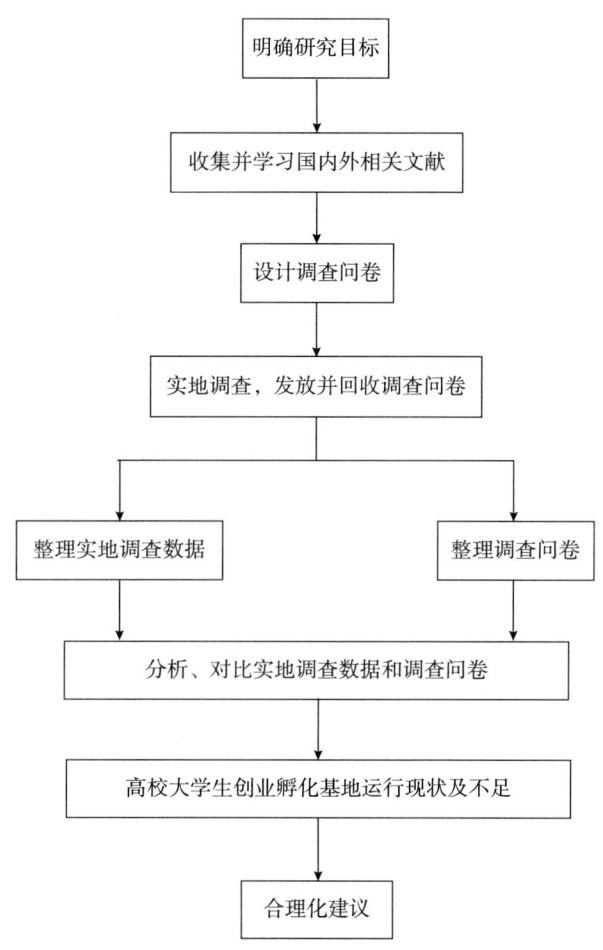

图 3-1 本文的技术路线

化基地现状、江西省部分高校创业孵化基地的问题四部分内容。

第四节为国外高校大学生创业孵化基地建设的经验借鉴。包括国外高校创业教育基本情况、美国高校大学生创业孵化基地特点、国外高校大学生创业孵化基地建设的经验总结三个方面的内容。

第五节为完善高校大学生创业孵化基地建设的对策建议。针对前面章节的调查分析结果及国外创业教育的经验借鉴,提出完善高校大学生创业孵化基地建设的对策建议。

第六节为结论。

第二节　高校大学生创业孵化基地的相关理论和概述

一、大学生创业孵化基地的相关理论

（一）创业支撑理论

美国学者爱德华·格里、查德·佛罗里达提出，具有一定技能的人才若在包容性更强的社会环境中更能发挥其潜能。在大学生创业中，所谓的包容性是指高校理解和支持大学生的创业行为，并能够为大学生创业提供相应的创业平台和创业环境。同时，制定相关的大学生创业扶持政策，经常开展与创业有关的宣传和活动，建立创业教育体系等，以及"创业支撑理论"。任何个人或企业成长和发展都不是独立存在的，而是需要一个"支撑基础"，"支撑基础"的深度和强度决定了个人或企业是否成功或发展的程度状况；同时，大学生创业的成功会反作用于创业孵化中心，创业或企业的成功会吸引更多的大学生及优秀的创业项目入驻孵化中心，从而决定创业孵化中心的成功与否。因此，高校大学生创业孵化基地应整合孵化资源，为大学生创业提供必要的服务和支撑作用，从而为大学生创业的成功起到促进作用。

（二）创业系统理论

奥地利经济学家约瑟夫·熊彼特最早在《经济发展理论》中提出了"创新"这一概念，并将"创新"引入到了经济学领域，提出了经济发展理论。从此，"创新"理论不断被理论界和实践界重视。

熊彼特的"创新理论"认为，创新是一种新的生产函数，将一个新的生产要素和生产条件引入到生产函数中。熊彼特的创新系统包含两个主要因素，即组织创新和技术创新，认为有若干要素相互联系下形成该系统。其各要素之间相互作用及相互结合形成特定的一种结构，且该结构不同于其他要素，是一个功能独立的整体。创新系统是由相关要素构成的一个网络系统，创新活动系统不仅关注该网络中的某一个节点或单个要素，更关注各要素之间的协同作用从而共同达成创新的目的。高效大学生创业孵化基地融合了各种创新行为，包括知识创新、技术创新及制度创新等，其是将这些创新行为进行有效整合的一种模式之一。

（三）三元参与理论

在1993年召开的第九届国际科学工业园协会世界大会上提出了"三元参与理论"，该理论认为，政府、高校和企业应该围绕创业孵化基地为中心，对大学生的创业孵化进行联合和相关的协调。

各国政府、高校和企业在发展过程中都会遇到一些阻碍自身发展的问题，而这些问题很难通过单方面进行解决。高校培养学生是为政府和社会培养人才并探索知识领域，使人类能更进一步地认识世界。但是现代大学生创业面临以下两个无法回避的问题：一是大学培养出来的学生与社会脱节，实践能力缺乏；二是大学生创业的资金缺乏。面对这些问题，高校需要向社会经济领域需求相应的解决方案。现代社会科技日新月异，企业需要获得长远发展，必须掌握最新技术，因此需要与高校进行合作。解决社会就业问题是政府部门的责任，各国政府希望出现大量新企业及新经济，不断利用技术创新来缓解就业压力，促进社会经济的发展。政府、高校和企业都有各自的需求，但是它们的需求有相应的交集，为了解决这三者的共同需求，大学生创业孵化基地应运而生。因此，"三元参与理论"也成为创业孵化基地发展的一个基本理论。

"三元参与理论"认为，不同国家的创业孵化园在体制和建设方面都存在着差别，但是从系统的角度进行分析，会发现其基本要素具有共同之处，以及大学生创业孵化基地的行为主体是政府、高校和企业。在三元结构中，高校利用学校的科研能力吸引相关人员进入基地，利用政府和企业资助的科研经费，推动高校科技成果变成生产力，获取相应的收入，进一步地推动办学和科研水平。企业在孵化基地的建设过程中，提供相应的资金并为大学生创业提供相应的创业指导，同时通过吸收高校的先进技术不断发展壮大，为社会提供更多的就业岗位。政府部门通过制定相关的政策并提供相关的财政支持，对孵化基地的参与各方进行协调，为基地的发展营造良好的氛围，促进资源的优化配置，达到促进区域经济发展、增加社会就业及增加企业竞争力的效果。

（四）创业企业孵化理论

联合国开发计划署对创业企业孵化器做出如下描述：孵化器是专门为培育新生企业而设计的一种环境，这种环境可以人工控制。通过这种环境为新生企业创造相应的条件，支持和辅助创业者创业，提高创业的成功率。创业孵化器是为创新创业型企业优化环境，培育技术密集型及创新型企业的一种经济组织形式。通过创业孵化器，提高创业企业的存活率，这对中小企业的成长具有重要的意义。企业孵化器首先通过吸引相关的创业项目，进行不断的孵化，促使创业企业健康快速的发展，最终脱离孵化器，并在市场竞争中存活。

创业孵化器具有三个显著的特征：一是创业项目经过一定的筛选和评审；二是创业项目具备可行性；三是创业孵化器为创业项目提供必要的基础设施和场所。企业孵化器为大学生创业引入相关的资金和政策指导，为创业项目提供孵化服务，帮助创业企业不断成长和独立。

二、创业孵化基地建设意义

创业孵化基地建设是高校大学生创业系统工程的重要基础工程。为大学生提供创业孵化基地，使创业带头人在基地迅速成长起来，成为大学生效仿的榜样，是突破目前大学生创业活动"瓶颈"的关键，也是开拓就业新渠道、解决高校毕业生就业的一个有效途径。

（一）建设大学生创业孵化基地是缓解高校毕业生就业压力的有效途径

大学生通过毕业创业能够有效缓解大学生毕业压力，大学生创业能够解决自身就业问题的同时，能够为社会创造就业岗位，所以以创业带动就业是一个很好的缓解大学生就业难的途径。

（二）建设大学生创业孵化基地，帮助大学生走自主创业之路，可以促进科技成果快速转化为生产力

高校毕业生是高素质人才，他们拥有紧跟时代潮流的思想意识，掌握先进的科学技术，他们创业的科技含量高、市场前瞻性强，更容易使具有自主知识产权的科技成果形成产品、尽快转化成生产力，更能获得较高回报的经济效益和社会效益。

（三）建设大学生创业孵化基地是实施科教兴国和人才强省战略、建设创新型社会的内在要求

建设大学生创业孵化基地，不仅要提供创业孵化平台、提供创业相关服务，还将积极推动全省高校开展创业教育、创业理论研究和项目研究，尤其是开展创业师资培训和大学生创业带头人培训，将为省高校普遍开展大学生创业教育和培训，推动全省大学生创业活动的健康发展，打下坚实的基础，从而在大学生中培养造就一大批具有创业精神与创业能力的带头人、高素质企业家，催生非国有经济的发展。同时，还会使他们成为创造社会财富和促进经济持续发展的主力军。

（四）建设大学生创业孵化基地，可以集中提供创业场所和设施

建设大学生创业孵化基地不仅可以减少政府对大学生创业所投入的国有资产流失，又规避了创业者在创建公司中的资本性投资风险；可以集中提供创业指导，既解决了创业导师专家资源稀缺问题，又规避了创业者盲目选择项目的决策风险；可以集中提供政策支持，既降低了创业成本，又使政府政策得到有效的落实和检验。这也是落实科学发展观和实现政府公共服务职能的重要举措。

三、创业孵化基地主要功能

（一）为大学生创业带头人提供孵化平台

1. 构建省级大学生创业人才培养和创业企业孵化体系

以省级大学生创业孵化基地为核心和龙头，推动全省高校开展创业教育和创业企业孵化，积极建立校级大学生创业培训和孵化基地。校级创业培训和孵化基地对本校大学生进行创业教育培训，培养大学生树立积极的创业意识和创业精神。同时，推荐、选拔具有较强创业愿望和浓厚创业兴趣的大学生进入校级创业培训和孵化基地，重点进行创业政策解读、创业技能培训、市场前景调查、创业项目研究、模拟创业实践等活动，使这些大学生尽快掌握创业技能，做好创业准备，成为大学生创业带头人。

2. 提供"一站式"政策扶持

认真落实省政府对大学生创业的扶持政策，联合工商、税务、银行、劳动、科技、外服、社保及企事业单位，积极为大学生创业提供扶持项目，让大学生创业带头人在基地得到公益性综合服务，享受到政府的支持和关怀。

3. 提供创业孵化条件

（1）对创业带头人的创业项目提供创业孵化场地和公司基本运行设施，帮助他们的创业公司规避基本设施建设方面的投资风险。同时，利用孵化基地规范的管理和社会形象，为大学生创业者建立最初的商业信誉。为大学生创业搭建支撑平台，提供创业项目、信息、场地、政策、保障、援助及相关的公益性服务。帮助创业带头人在孵化基地开办各种形式、多种经营、多元化经济的微型企业。

（2）为进入孵化基地的创业带头人提供住宿、餐饮、物业管理等全方位的生活服务。全力打造集办公、住宿、餐饮于一体，公益性、专业性、示范性的大学生创业孵化基地。

（3）为进入孵化基地的创业带头人和创办企业的大学生员工，提供档案和户口保管、转正定级、办理保险等相关服务，解除他们的后顾之忧。

（4）为大学生创业企业免费提供国际贸易的进出口业务服务，帮助其完成报关、结算、货运、保险、商检、支付等一系列小企业难以自我完成的业务。

（5）免费为大学生创业企业提供法律咨询与服务，对企业的商务合同等商务文件给予法律指导和规避法律纠纷的服务。

4. 发挥大学生创业示范作用

以孵化基地为中心，以大学生创业带头人为对象，对大学生创业活动的理论、方法、教材、教师培训、实习与社会实践等涉及创业的理论问题和实践问题进行探索，形成理论指导和示范模式，指导各地和各高校的大学生创业活动健康有序发展。

（二）为大学生创业提供指导

孵化基地设有创业咨询服务机构，聘请省内外创业方面的学科专家和成功创业者，对创业带头人进行针对性指导，使他们的创业能力和技能得到提高、创业项目得到完善、创业方案付诸实践、创办的企业健康发展。完成大学生创业培训体系的开发和建设，在大学生创业选型定位、培训内容、培训方法和指导过程等方面进行探索和创新，形成有效的教育与教学模式。编辑出版大学生创业实务教材和创业指导丛书，立足建立整个战线的指导教师队伍，全面提高创业指导教师的业务水平和能力，更好地为大学生创业者提供指导和服务。

（三）开展大学生创业政策试验

大学生创业是一个新生事物，各项政策都有待在实际工作中探索和检验。通过创业带头人的实践，能够对各省大学生创业的相关政策进行试验，使孵化基地成为大学生创业政策的试验场，取得经验后更好地推广。

（四）开展大学生创业理论研究

一是成立大学生创业教育专家组，聘请省内外专家、研究人员和一线教师，研究制定省大学生创业教育、创业活动以及创业理论研究与试验项目的发展战略和规划。

二是每年对大学生创业的重大理论与实践性课题进行立项研究；指导和评估省内各高校大学生创业指导中心的工作；组织并开展大学生创业巡回专题讲座。

三是开展省大学生就业创业指导学科建设工作，推动大学生创业的健康发展。

四是依托高校毕业生就业信息网络，建设省大学生创业网络指导和服务平台。同省人事厅、省科技厅、省经委、省国资委、省发改委、省财政厅等有关厅局合作，为大学生创业提供政策支持、财政支持、项目支持、信息支持。

（五）开展大学生创业项目开发和对接

一是组织省大学生创业比赛，有偿征集大学生创业项目，特别是通过向在校大学生征集创业项目以激发他们的创业意识与兴趣。定期举办全省大学生创业项目展，建立省大学生创业项目库。

二是面向高校广泛征集可以尽快转化为生产力的科研成果，优先提供给希望创业又苦于没有好的创业项目的大学生。同时，积极与科技厅、劳动和社会保障厅、中小企业局等部门合作，共同致力于大学生创业项目的开发。

三是成立大学生创业者协会和各高校分会。省级协会负责组织全省规模的社团活动，定期邀请创业教育专家、成功创业人士和大学生进行指导和交流。

四是开展多种形式的省、校两级协会社团活动。宣传国家有关大学生创业的政策和各种信息，普及大学生创业教育；开展大学生创业指导和专项讲座；推广成功创业者的经验；培养大学生的创业意识；通过技能培训和小规模的创业实践，锻炼和提高大学生的创业能力。同时，通过网络平台，实现大学生创业群体的沟通和交流。

（六）帮助创业企业少走弯路，提高企业成功率

对于一家小企业，在组建以及运营之初，面临相当多的问题，常常需要做出选择，如确定产权关系和企业性质、决定人员组合、合理利用资金、进行市场开拓等。富有经验的创业中心管理人员及有关专家的咨询服务，可以及时帮助创业者做出正确的选择。良好的服务使创业者在资金、人才、项目、信息等方面获得支持，加速企业发展。

四、创业孵化基地运行模式

（一）组织机构

一是设立孵化基地管理委员会（以下简称管委会）。管委会是中心运行策略和服务方向的决策指导机构，由省高校毕业生就业工作领导小组成员及有关部门的负责人组成。按照所有权与经营权分离的原则，省高校毕业生就业工作领导小组办公室受托管理、运行孵化基地。收入来源主要有政府投入、社会筹集、孵化场地的托管费、税收返还和培训收入等。

二是设立孵化基地专家评审委员会。该委员会受省高校毕业生就业工作领导小组办公室的委托，负责对入驻企业和项目进行评审。

三是组建具有企业法人资格的全民所有制事业单位或自收自支的社会公益性和非营利性的科技服务机构。按照市场化运作模式实行企业管理，独立核算。内设项目部、指导部、服务部、物业管理部、信息部。

（二）资金支持

一是设立省、市"高校毕业生创业资金"。该项"创业资金"由省、市财政和社会两条渠道筹集。省、市财政部门为高校毕业生自主创业、兴办企业申请小额贷款提供担保；对高校毕业生到基层自主创办企业的，其研究与开发的科技项目优先给予科技三项费用支持。省级"高校毕业生创业资金"主要用于为自主创业的高校毕业生提供奖励性资助和投资性资助；在全省高校进一步加强创业教育，为创业教育、培训、宣传等工作提供资金支持；建立大学生创业项目信息库，举办创业设计大赛（展览），支持创业协会等工作；表彰开展创业教育和支持大学生创业工作表现突出的高校、市地及有关部门，表彰具有典型示范意义的大学生创业带头人；为大学生创业研究和指导机构提供部分科研和运行经费等。

二是对进入创业孵化基地企业的资金支持。资金支持有两种方式，即借款和投资。孵化企业在流动资金困难又难以从银行得到贷款的时候，可向孵化基地申请借款。孵化企业需要资本金或增资扩股时，孵化基地可以用孵化资金投资。

（三）提供条件

高校大学生创业孵化基地为入驻企业提供场地，从而吸引企业入驻，减少入驻成本。同时基地提供相应的软硬件设施，提供具有针对性的专业化服务。基地将提供培训、管理咨询、项目申报与有关认定、投融资、对外交流等服务，构建"一站式"服务平台，还将引进投融资、法律、人力资源、财会、商务咨询、互联网等专业服务机构和社会中介机构。

第三节　基于问卷调查的江西省部分高校创业孵化基地运营现状及问题分析

一、调查问卷设计

（一）调查对象及样本选择

为了研究江西省部分高校创业孵化基地的运营状况，考虑到江西主要高校主要集中在南昌的现状，本章选取了南昌地区6所高校作为研究对象。根据创业孵化基地的创建情况，本章选取的这6所高校分别为南昌大学、江西财经大学、江西师范大学、华东交通大学、江西农业大学、南昌航空大学。

（二）调查主要内容

本章调查问卷的主要内容包括以下几个方面：一是调查对象的基本情况，主要包括调查对象的性别、专业及年级等，从不同学校、不同性别、不同年龄及不同专业进行调查分析，使调查结果具有一定的代表性；二是大学生创业孵化基地认知情况的调查分析；三是大学生创业孵化基地的建设现状；调查问卷的问题有：①您的性别；②您所处的年级；③您的专业；④您对高校设立大学生创业孵化基地持何种态度；⑤是否需要为大学生创业孵化基地里的创业团队配备创业导师；⑥您对高校设立大学生创业孵化基地持何种态度；⑦您是否觉得政府有无必要制定相关的优惠政策扶持大学生创业；⑧您认为政府制定的有关大学生创业孵化基地政策规定是否规范；⑨您认为大学生创业需要具备哪些素质或能力；⑩您认为作为一个创业项目需要具备的条件有哪些；⑪您认为创业孵化基地的政策是否有缺失；⑫您认为创业孵化基地提供的资金支持是否充足；⑬您认为创业孵化基地场地设备投入是否充足；⑭您认为创业孵化基地提供的课程和师资是否充足；⑮您认为创业孵化基地大学生创业团队专业化程度如何；⑯您认为创业孵化项目评估是否科学。

（三）调查问卷回答形式

本章调查问卷涉及的内容较为开放，题型采用单选、多选及问答的形式。

（四）调查问卷的发放与回收

本次问卷调查的发放涉及南昌 6 所高校，问卷发放总份数为 600 份，回收的有效问卷份数为 589 份。各高校发放问卷的数量根据高校学校人数按比例发放，其发放情况如表 3-1 所示。

表 3-1　江西 6 所高校学生人数及问卷发放数

	南昌大学	江西财经大学	江西师范大学	华东交通大学	南昌航空大学	江西农业大学	汇总
学生人数	50000	40000	35000	23000	22000	21000	191000
问卷数	154	123	108	71	68	65	589

注：各高校学生人数数据来源于各高校官网。

二、问卷调查的统计结果分析

（一）调查问卷对象基本情况分析

1. 地区及学校选择

为了便于调查问卷的发放和回收，本次调查问卷发放的地区为南昌。南昌为江西省高校的主要集中地，本章选取具有代表性的 6 所高校，它们分别为南昌大学、江西财经大学、江西师范大学、华东交通大学、江西农业大学、南昌航空大学，其中南昌大学为"211"高校。从表 3-1 可以看出，从学生人数来看，南昌大学学生人数为 50000 人，位居首位，其余高校按学生人数高低依次为江西财经大学 40000 人，江西师范大学 35000 人，华东交通大学 23000 人，南昌航空大学 22000 人，江西农业大学 21000 人，6 所高校学生总人数为 191000 人左右。

2. 性别分布

本次调查中，被调查对象男性所占的比例为 52%，女性所占比例为 48%，同时发现男性相对于女性的创业意愿更强。

3. 年级及专业分布

本次调查针对高校在校大学生,其中大一学生占19.2%,大二学生占21.3%,大三学生占25.6%,大四学生占22.7%,研究生占11.2%;样本中大学生专业包括理工类(59.3%)、人文类(7.2%)、经管类(17.8%)、政法类(4.3%)、医药类(9.2%)、其他(2.2%),样本中包括的专业较广,能够较好地代表江西省部分高校的基本情况及帮助了解部分高校大学生创业孵化基地的建设情况。

(二)大学生创业孵化基地认知情况分析

1. 大学生对创业孵化基地建设中学校角色的认知

调查问卷中,设置了在大学生创业孵化基地建设中学校扶持的相关问题。调查结果发现,在大学生对高校设立大学生创业孵化基地持何种态度的问题上,53.6%的学生认为对高校设立创业孵化基地持鼓励和欢迎的态度,39.8%的学生对高校设立创业孵化基地持包容的态度,6.6%的学生认为没必要设立这种类型的基地,对创业没有实质性帮助。从调查问卷结果可以发现,超过50%的学生对高校设立创业孵化基地持积极态度,但仍有少数学生持消极态度。在是否需要为大学生创业孵化基地里的创业团队配备创业导师问题上,12.1%的学生认为不需要配备,16.8%的学生认为无所谓,71.1%的学生认为需要配备。从问卷调查的结果可知,绝大部分学生认为需要为创业团队配备创业导师。

2. 大学生对创业孵化基地建设中政府角色的认知

在调查问卷中,在关于政府有无必要制定相关的优惠政策扶持大学生创业的问题上,47.2%的学生认为非常有必要,41.6%的学生认为有必要,10.3%的学生认为无所谓,0.9%的学生认为没必要。从调查结果可以看出,绝大部分学生认为政府非常有必要或者有必要制定相关的优惠政策扶持大学生创业,少数学生认为无所谓,极少数的学生认为没必要。在关于政府制定的有关大学生创业孵化基地政策规定是否规范的问题上,仅有2.6%的学生认为非常规范,18.3%的学生认为规范,30.1%的学生认为一般,29.6%的学生认为不太规范,19.4%的学生表示没有了解过,不太清楚。从调查结果可以看出,相当一大部分学生对政府制定的有关大学生创业孵化基地政策规定不太自信,同时有很大比例的学生未对政府制定的政策规定进行了解,说明有相当一部分学生的创业意愿不强。

3. 大学生在创业孵化基地建设中对自身能力的认知

在关于大学生创业所需具备哪些素质或能力的问题上，75.7%的学生认为需具备良好的组织能力，73.5%的学生认为需具有强烈的挑战精神，71.9%的学生认为需具有良好的沟通能力，76.8%的学生认为需具有相应的专业背景，26.8%的学生认为需具有良好的社会关系，61.6%的学生认为需具有优秀的市场把控能力。从调查问卷的结果可以看出，学生认为以下因素在创业中相对重要：组织能力、沟通能力、挑战精神、专业背景及市场把控能力。

（三）大学生创业孵化基地的现状分析

1. 从学生的角度来看创业项目所需具备的条件

调查发现，在关于作为一个创业项目所需具备的条件的问题上，71.8%的学生认为创业项目需具备一定的创新性，62.3%的学生认为创业项目的成熟性要高，56.5%的学生认为创业项目需具有很好的市场竞争力，29.1%的学生认为创业项目应对大学生创业具有示范效应，19.7%的学生认为创业项目需很快产生经济效应。从调查的结果可以看出，大部分学生偏好选择具有创新性、成熟度较高、具有很好市场竞争力的创业项目，但是创新性和成熟性往往是矛盾的，这也反映了学生在创业选择上的矛盾心理。

2. 大学生创业孵化基地政策是否全面的调查分析

在创业孵化基地的政策是否有缺失的问题上，32.5%的学生认为缺失很明显，37.8%的学生认为有缺失，但不是很明显，15.1%的学生认为无缺失，14.6%的学生不太了解创业孵化基地的政策。从调查结果可以看出，大部分学生认为现有的创业孵化基地政策还不够完善。通过调查发现，认为政策存在的不足主要体现在以下几个方面：一是创业手续的繁琐复杂；二是创业政策不是对所有创业都有很大帮助，比如网络创业等；三是政策扶持力度小的问题。虽然大部分学生认为创业政策存在缺失，但是仍有一部分同时认为创业政策不存在缺失，该部分同学大多是创业政策的受益者或创业成功者。同时，仍有一定比例的学生对大学生创业孵化基地政策不了解，说明这部分学生对大学生创业不感兴趣。

3. 大学生创业孵化基地政策提供的资金支持及场地设备投入充足性调查分析

在关于创业孵化基地提供的资金支持是否充足的问题上，31.3%的学生认为提供的资金支持很少，61.2%的学生认为提供的资金支持不足，只有7.5%的学生认为提供的资金支持充足，没有学生认为提供的资金支持过多。在关于创业孵化基地场地设备投入是否充足的问题上，32.3%的学生认为提供的场地设备支持稀缺，60.9%的学生认为提供的场地设备支持不足，只有6.8%的学生认为提供的场地设备支持充足，没有学生认为提供的场地设备支持过多。由调查结果可知，在关于资金支持和场地设备投入问题上，两者结果相近。

4. 大学生创业孵化基地提供的课程和师资充足性调查分析

在关于创业孵化基地提供的课程和师资是否充足问题上，33.3%的学生认为提供的课程和师资很稀缺，60.3%的学生认为提供的课程和师资不足，只有6.4%的学生认为提供的课程和师资充足，没有学生认为提供的课程和师资过多。从调查结果可以看出，大部分学生认为创业孵化基地提供的课程和师资充足性上有待提高。

5. 创业孵化基地大学生创业团队专业化程度调查分析

在关于创业孵化基地大学生创业团队专业化程度问题上，10.8%的学生认为创业团队很不专业，69.3%的学生认为创业团队专业性偏低，18.8%的学生认为创业团队专业，只有1.1%的学生认为创业团队十分专业。从调查结果可以看出，创业孵化基地大学生创业团队专业化程度偏低。

6. 创业孵化项目评估科学性调查分析

在关于创业孵化项目评估是否科学的问题上，13.7%的学生认为创业孵化项目评估很不科学，74.2%的学生认为创业孵化项目评估不科学，11.3%的学生认为创业孵化项目评估科学，只有0.8%的学生认为创业孵化项目评估十分科学。从调查结果可以看出，大部分调查者认为创业孵化项目评估科学性有待提高。

三、江西省部分高校创业孵化基地的现状

（一）政策、资金支持及场地设备投入不足

调查结果中，在关于创业孵化基地提供的资金支持是否充足的问题上，31.3%的学生认为提供的资金支持很少，61.2%的学生认为提供的资金支持不足，只有7.5%的学生认为提供的资金支持充足，没有学生认为提供的资金支持过多。在关于创业孵化基地场地设备投入是否充足的问题上，32.3%的学生认为提供的场地设备支持很少，60.9%的学生认为提供的场地设备支持不足，只有6.8%的学生认为提供的场地设备支持充足，没有学生认为提供的场地设备支持过多。由调查结果可知，在关于资金支持和场地设备投入问题上，两者结果相近。

大学生创新创业孵化基地的硬件服务功能包括为大学生创业者提供初创企业需要的场地、设施、启动资金等服务，而缺乏创业启动资金是大学生创业面临的最大困难，硬件服务的短缺同时还体现在经营场地上，大部分入驻团队被

安排在同一开放式空间内,各自场地使用办公格挡进行区分。各团队均缺少独立的孵化空间,只能在自行寻找独立的孵化空间内进行各自产品研发与业务洽谈,造成孵化基地实际闲置率很高。高校内仍有很多想参与创新创业的学生,缺乏后续场地来满足更多学生的创业需求。同时,高校大学生创新创业孵化基地为入驻项目提供的孵化设施也仅限于网络和电脑,缺乏项目展示的投影设备,也缺乏很多高校和社会众创空间具备的3D打印设备和硬件开发设备支持。

(二)课程与师资均非常缺乏

调查结果中,在关于创业孵化基地提供的课程和师资是否充足问题上,有33.3%的学生认为提供的课程和师资很稀缺,60.3%的学生认为提供的课程和师资不足,只有6.4%的学生认为提供的课程和师资充足,没有学生认为提供的课程和师资过多。从调查结果可以看出,大部分学生认为创业孵化基地提供的课程和师资在充足性上有待提高。

大多数高校并无大学生创业类的必修或者选修课程,而目前大部分高校在大学生创新创业孵化基地内也并未开展任何创业相关的课程或培训,项目来源是固定时期的全校范围招募,来自于各个院系的推荐,这造成孵化基地在孵化前期缺乏有规律、有层次的创业人才、团队的培养与储备,创业项目及创业团队的形成主要依靠学生自发形成,使得众多创业学生缺少系统创业知识和技能的支撑,创业行为缺乏科学性和持续性。

(三)学生创业团队专业化程度偏低

调查结果中,在关于创业孵化基地大学生创业团队专业化程度问题上,10.8%的学生认为大学生创业团队很不专业,69.3%的学生认为大学生创业团队专业性偏低,18.8%的学生认为大学生创业团队很不专业,只有1.1%的学生认为创业团队十分专业。从调查结果可以看出,创业孵化基地大学生创业团队专业化程度偏低。

(四)创业孵化项目评估不科学

在上一节调查结果中,在关于创业孵化项目评估是否科学问题上,13.7%的学生认为创业孵化项目评估很不科学,74.2%的学生认为创业孵化项目评估不科学,11.3%的学生认为创业孵化项目评估科学,只有0.8%的学生认为创业孵化项目评估十分科学。从调查结果可以看出,大部分调查者认为创业孵化项目评估科学性有待提高。

(1)创业项目的评估带有很强的主观性。对创业项目进行价值评估是一件很困难又带有很大主观性的事情,尤其是对于新创企业更是如此。因为新创企业刚刚起步,其现金流往往是负值而且很不稳定,但未来的回报却是惊人的。一般而言,创业企业家希望尽可能地高估项目价值,而创业投资家则采用保守的方法。因此,在通常的情况下,两者得出的评价结果不一致。

(2)缺乏专业的中介机构及决策机构。我国目前虽拥有3000多家中介机构,但大多数挂靠在政府部门或会计事务所等,缺乏行业眼光和专业经验,加上评估方法单一,评估手段落后,使对投资项目或企业的价值决策误差太大,决策结果可信度较差。

四、江西省部分高校创业孵化基地的问题

(一)政策支持力度有待提高

促进大学生创业的优惠政策包括:降低壁垒政策、税收和费用优惠政策及商务支持政策。江西省自2009年开始,自主创业的大学毕业生若从事个体经营活动,自注册登记起3年内可免收的事业性收费达26项。大学生在创业园或创业孵化基地创业,1年内房租、水电等减半,可免去3年卫生费及物业费。大学生自主创业,可享受期限最长不超过3年的社会保险补贴。江西省在2014年对创业促进政策进行了进一步细分,包括但不限于以下四个方面:一是对大学生创业工商登记提供便利,不再实行最低注册资本金的限制;二是股东首次出资比例的条件取消;三是简化登记流程,实行电子化管理和电子营业执照;四是对大学生创业提供银行业务办理的便利及新的税收优惠。

以上的创业促进优惠政策为大学生创业提供了很好的条件,在原有的优惠政策上进行了细化和深入,但是在商务支持方面仍没有相应的政策出台,还不够完善。我们可以看到,政府为了促进大学生创业,制定了相关的优惠政策,在一定程度上对大学生创业具有帮助作用,但是还存在不完善的地方,因此政策支持力度在原有的基础上还有待提高。

(二)实践型的师资力量明显不足

由于每个高校的师资力量不齐,不同高校创业孵化基地提供的创业辅导老师水平并不一致。大部分高校创业辅导老师还是以学校任课老师为主,但是由学校任课老师做创业辅导教师有以下几个弊端:一是高校老师在学校从事的工作主要以教学为主,教学的内容主要为理论知识,丰富的理论知识虽然对创业

有所帮助，但很多时候会和实践脱节；二是高校老师由于实践经验的缺乏，对学生提供的创业建议可能会不合时宜，对大学生造成一定的副作用。

虽然很多高校认识到实践型的师资对大学生创业辅导的重要性，但是由于以下原因导致实践型师资仍然不足。一是优秀的实践型师资比较稀缺，往往比较优秀的创业辅导老师在江西数量并不多，他们成为各大高校争夺的对象，然而由于多方面原因，他们不可能同时在多家高校任职。二是高校经费不足的问题。很多高校对于创业孵化基地的投入并不大，尤其是对师资的投入方面，这就造成很多高校无法引进优秀的实践型师资力量。

（三）学生创业团队专业化有待提升

研究发现，入驻创业孵化基地的大学生创业团队的成员以本校大学生为主，他们对创业本身的认识还不够深刻，往往会忽视自身创业意识、创业思维和主要能力，忽视提高实践能力及积累实践经验。创业团队只是从单一的产品设计出发，从而制订相应的创业计划，只过于注重创业项目的本身，不考虑创业项目的长远发展，而只在乎短期效益，导致大学生创业的专业化欠缺，其主要体现在以下三个方面：第一，大学生的知识面较窄，知识结构较单一，大学书本知识对于大学生创业来讲是远远不够的。大学生对产品的市场情况、商业的模式、项目的投融资及项目的风险控制等方面缺乏相应的专业素养，很容易对创业的过程造成阻碍。第二，社会经验的缺乏容易导致大学生在创业过程中考虑的事情过于简单或理想化，容易在创业项目的选择、项目的设计、市场运作等方面出现相应问题，很难使银行部门或者风险投资提供相应的创业资金，使创业容易出现盲目性，造成大学生创业出现失败的局面。第三，大学生的心理还不够成熟，承受心理压力的能力较弱。创业是艰辛而富有挑战的，在整个创业的过程中，大学生可能会因为承受不了创业压力而半途而废。

（四）创业孵化项目的评价体系需进一步完善

高校大学生创业孵化基地的建设为大学生创业提供了软硬件支持，是培养创新创业型人才的有效方式，为高校大学生就业问题提供了一条解决路径。同时大学生创业孵化基地的建立为产学研一体化提供了实现的途径，推动高校的科研成果转化成生产力，有利于区域经济的发展。虽然全国各地高校创业孵化基地建设快速发展，但是创业孵化项目的效果和质量还没有统一科学的评价体系，从而制约了孵化基地大学生创业的发展。高校创业孵化项目的评价体系指标的构建需满足以下几个原则。

（1）系统性原则。由于创业孵化项目所受的影响因素是多方面的，在对其进行评价时需要有全面的考虑，指标的选取因考虑系统性原则，考虑不同指标之间的层次性、相关性，根据所评价的项目性质和目的进行系统评价。

（2）科学性原则。对创业孵化项目评价的指标必须具有科学性、确定性内涵，不能模棱两可或定义不清，造成不同人对指标的理解不一致。同时，对指标的样本选择及计算也应遵循科学的依据。

（3）可操作性原则。对创业孵化项目评价的指标的选取必须定义明确，具有可操作性。指标的计算所需的数据具有可获得性或易于获得，指标具有可行性并能与其他指标进行对照。同时，指标体系简便明了，便于数据收集和指标计算，从而提高工作的效率。

（4）定性和定量相结合的原则。创业孵化项目评价的指标体系的构建需遵循定性和定量相结合的原则，使在对创业项目效果进行评价时，除定性分析外，能够提供确切的数据，并根据数据进行比对分析，发现其中的问题。

（5）导向原则。高校创业孵化项目评价的指标体系除了具有评价作用外，还需具有引导功能，能够及时发现创业过程中的问题，引导创业者及时纠正错误，逐步提高创业者的经营能力。

第四节　国外高校大学生创业孵化基地建设的经验借鉴

本节主要介绍国外高校大学生创业孵化基地建设的经验借鉴，主要包括三个方面的内容：①分析国外高校创业孵化基地的基本条件情况；②选取代表性的国家美国为例，介绍美国高校大学生创业孵化基地的特点；③国外高校大学生创业孵化基地建设的经验总结。

一、国外高校大学生创业孵化基地基本情况

（一）国外高校创业孵化基本条件情况

1. 社会方面

国外高校创业孵化基地的社会方面情况，主要包括政策、经济及文化等方

面因素。在政策因素方面,创业孵化基地实行以来,美国颁布了十多个有关创业教育的法律法规,德国也实施了创业及就业方面的法律法规,法国制定了关于国家技术交流转让中心的计划。通过这一系列的法律及计划,能够充分发挥在创业孵化基地政府的作用,通过政府拨款、税收优惠、技术支撑等,并协同多渠道的投融资方式支持创业企业的发展。在经济环境方面,西方很多国家允许学生在辍学、休学及续学的情况下进行创业。同时,市场体制的成熟、投资资金的雄厚、西方国家用人机制的灵活性及人才流动的自由性等诸多因素在一定程度上促进了西方国家的创业热潮。在文化方面,国外鼓励个人主义的价值观,个体创业受到国家和社会的欢迎和推崇,从而形成了宽松的创业氛围。此外,国外的个人及企业的创新精神,为国外创业精神的建立提供了个体基础和整体社会性格,会促进社会的创业热情。很多西方高校有大学生创业的传统,创业者在西方国家中的社会地位较高。

2. 学校方面

国外高校创业孵化基地学校方面的因素,主要包括教学环节、实践安排及环境氛围等。在教学环节方面,国外很多高校将创业教育作为学校必修课,是专业研究领域的一个重要部分,并形成了完备的教学计划及教学课程系统。以美国为例,其有1800多所高校或学院开设了2000多门的创业教育课程,有100多个研究中心,将近300个学位授予点。日本大学为创业教育的课程设置了必修、选修及自由科目,英国的大学教育为大学生创业教育提供专门的教师和学术资源,澳大利亚政府部门专门为创业教育开发了相应的模块化的教学系统。在实践安排方面,美国对创业教育的实践及应用十分重视,并不断利用社会资源提高创业教育的实践性和应用性。很多其他国家也十分重视创业教育的实践性问题,如加拿大等。在环境氛围方面,国外高校对包容文化的建设及创业人才的培养十分重视,注重培养学生的批判和创新精神。

3. 学生个体情况

国外高校创业孵化基地学生个体条件状况包括以下几个方面:创业意识、创业知识、创业品质及创业能力等。在创业意识方面,由于西方国家奉行个人主义的价值观,其教育体系较为开放,就业机制很灵活自如,丰富的移民文化和对创业精神的重视,有利于高校学生形成创新精神和创业意识。在创业知识方面,西方国家注重对学生进行创业知识的理论及实践方面的教学,培养学生的自主学习的能力,不断在探索中发现和解决问题,形成了自主学习的习惯和知识结构。在创业品质方面,西方国家从基础教育开始就培养学生独立思考和学习的能力，高校注重在专业领域内培养学生创造能力素质，引导学生向有独立思想、善于思考及有决策能力的成功人才或领袖人才发展。在创业能力方面，西方国家很多高校对学生创业能力的培养极其重视，如斯坦福大学为提高学生的创业能力设立了专门的经费，哈佛大学专门设立了提高创业能力的课程等。此外，西方发达国家很多高校和校外企业合作办学，利用校外企业实践能力的优势，大力培养学生的创业能力。

（二）国外高校创业孵化基地的体系概述

1. 典型模式

总体而言，国外高校创业孵化基地的典型模式主要分以下几种：一是侧重培养创业意识，二是侧重传授创业知识，三是侧重获得实际经验。这三种模式的代表性高校为美国百森商学院、斯坦福大学及哈佛大学。美国百森商学院为高校创业教育设立了创业教育研究中心，其全面负责该校学生的创业孵化基地教育的开展，培养学生创业的进取心、创新性、灵活性、创造力、市场思维、商业意识等创业意识。美国斯坦福大学注重对学生传授创业方面的理论知识，包括经济、金融、管理、市场、风险等方面的知识，建立了多学科的创业教学体系，该体系包括经济学、社会学、管理学、心理学等多种学科。哈佛大学在创业教育方面最全面，其将创业学科课程、活动和实践课程有机结合，培养大学生创业意识和精神、实践及操作技能及创业能力等。此外，日本形成了"普及教育""技艺辅助""专门教育"及"综合练习"四种模式，英国发展了政府和社会共同促进大学生创业的网络型模式。

2. 优质教学

国外尤其是西方国家的创业孵化基地具有优质教学的特点，其主要体现在以下几个方面：课程设置、师资配置及教学模式等。美国在大学本科、研究生教育中的大多数专业中设置了创业教育课程，同时美国很多高校为不同类型的学生设置了相应的创业课程，比如斯坦福大学。有调查发现，美国高新技术行业及金融行业里的优秀人才大都接受过创业教育。国外的创业教育课程主要分为四类：创业意识课程、创业知识课程、创业能力培养课程及创业实践课程。这些课程丰富了学生创业教育的内容，对创业教育有效性的提高具有很好的帮助作用。国外在精心设置创业课程外，对孵化基地创业教育教师的选拔和培训也极其重视，通过内部培养和外部引进等方式给学生的创业教育提供稳定且高质量的教师队伍。高校通过内部培养和外部引进两种方式对教师队伍的培养，为高校创业孵化基地教育的理论和实践教学创造了良好的师资条件，使创业教育的教学和实践能够顺利地开展。国外创业孵化基地课程注重对学生创业思维的培养，通过学科的渗透广泛地开展创业教育，潜移默化地培养学生的创业创新精神。与此同时，国外高校创业孵化基地也注重研究性学习和探究性教学，强调教师和学生之间的互动，根据学生的基本情况及知识结构的不同进行分类教学，注重培养学生独立思考的能力和质疑精神。

3. 良好环境

国外高校创业孵化基地的培养体系的完善还体现在良好的环境，包括良好的创业氛围、完备的组织机构及全面的服务保障等。一个国家经济的快速发展，在一定程度上和该国的创业意识和创新精神有很大关系，这也为创业孵化基地的环境营造提出了新的任务和课题。国外的创业氛围和创业教育促进了大量的小企业的产生，在一定程度上促进了国家的经济发展，从而进一步地推动社会掀起创业和创新的浪潮，形成了鼓励创新创业、宽容创业失败的良好氛围，这种氛围和风气为大学生创业提供了很好的机会。国外对自由精神、创新精神、效率精神、冒险精神、合作精神和敬业精神等诸多个人品质的注重，有利于国外创业活动的开展和进行。国外高校创业教育的组织机构有各智囊机构、创业研究会、小企业管理局、高校创业中心、创业者协会等。此外，国外部分国家政府部门还设立了创业教学基金，对深化创业孵化基地建设提供基金支持，同时很多社会机构或企业为支持学生创业以不同方式提供创业基金，这对高校的创业教育的开展起到了推动作用，这也对我国大学生创业资金难的问题提供了借鉴的作用。

二、美国高校大学生创业孵化基地特点

美国大学生创业孵化基地很多以大学生创业园区的形式存在，美国波士顿128公路及硅谷是世界著名的大学生创业园区，很多美国著名高校都为创业园区不断提供人才，已经形成了良好的生态系统。美国大学生创业园区不仅促进了当地的经济发展，为社会提供了就业机会，还为高校大学生实习实践、高校老师科研提供了很好的平台。

1. 结构网络化

美国的大学生创业园区会根据各高校的专业设置情况及优势、各地的经济发展状况、产业分布情况等设立若干分支机构。以美国乔治梅森大学为例，其

在大学生创业孵化园区建设方面具有代表性。乔治梅森大学近几年来在美国快速崛起，其创新计划课程吸引了全世界学生前往学习。乔治梅森大学在美国的5个城市设立了分支机构，使高校的老师和学生的创新研究成果迅速转化为现实的生产力或市场要素。乔治梅森大学不断搭建高校和企业联系的桥梁，促进高校和企业的沟通和协作，同时帮助大学生创立和发展企业，促进当地经济的发展。该高校不断与各地各类企业建立联系，为大学生创业提供相应的基础条件。

2. 项目导师化

美国鼓励和支持高校老师积极参与大学生创业园区的发展和建设，允许拥有专利的高校老师入驻园区并享受和大学生一样的创业待遇。同时，高校老师可以将专利转让给创业园区，公开招募有意向的创业大学生，由创业大学生将专利技术转化为现实成果，老师从中获取相应的转让费。美国有部分高校为了使高校老师专心科研，专门设立了专利技术转让和转化的部门，这既能使高校教师的科研成果迅速地解决市场需求，又能够增加高校教师收入从而提高科研的积极性。美国大学生创业园区通过高校教师专利技术参与，也大大提高了大学生创业的成功率。

3. 全方位的大学生创业支持

在政策支持方面，美国在公司开立的流程上进行了简化，公司的注册到成立仅需四个审批步骤，时间也只需要一周左右，所支付的费用所占个人人均收入的比例极低。在资金支持方面，美国的风险投资行业比较发达，能够及时地发现优秀的创业项目，并为优秀的创业教育提供资金，解决大学生创业资金短缺的问题。同时，美国政府也大力鼓励和支持大学生创业，并提供资金支持。此外，美国的社会性资金也大力支持大学生创业。在服务支持及其他支持方面，大学生创业园区为大学生创业者提供各类软硬件设施，包括办公场所、网络、水电等基础设施，还为大学生创业者提供相应的专业能力培训。

4. 辅导专业化

美国大学生创业园区为高校大学生创业提供专业化的辅导，包括"一对多"的群体辅导和"一对一"的差异化辅导。群体性辅导是指对大学生创业前期进行通用型培训，包括创业前期的行政管理和法律咨询等。差异化辅导是指针对不同企业个性化需求进行相应的培训，包括市场、金融、商业计划等方面的内容。市场咨询包括市场定位和战略的选择、物流及仓储模式的选择等；

金融咨询包括企业的投融资、企业现金流管理等内容；商业计划咨询包括应对市场变化的方案制定，企业运作及企业的发展规划等内容。

三、国外高校大学生创业孵化基地建设的经验总结

（一）建立完备的创业教育体系

目前，我国的创业教育体系还不够完善，还有很大的改善空间。我国现行的创业教育大多还停留在高校课堂教学上，缺乏实操性和实践性，使创业教育没有实践指导意义。同时大学之前的创业教育空缺，基本处于空白阶段。而大学之后的创业教育也处于起步不久的阶段，其创业教育体系和相关配套措施并不完善。创业教育体系的建立和完善是一个长时间的过程。创业文化的营造、创业精神和意识的培养都是一个长期的发展过程，不可能一朝一夕就形成。我国在历史上就缺乏创业的氛围和传统，广大群众对创业的热情也需要一个慢慢发展的过程。由此可见，建立完善的创业教育体系需提前规划，大学之前、大学阶段、大学毕业后等各个阶段的创业教育都需要科学、整体地进行规划。同时，我国需推动开设创业专业，并进行创业专业的学位教育。

（二）强化创业过程指导

大学生一般在入驻创业孵化基地初期时热情高涨，但是随着创业的不断深入，会面临各种创业困难，使大学生的创业热情不断受到打击。高校大学生创业孵化基地应为创业大学生提供相应的老师，为大学生创业过程的不同阶段提供过程指导。在创业前期，创业孵化基地应开展各类创业培训工作，完善创业大学生的创业专业知识。在创业孵化期，聘请企业有经验的一线管理人员为创业大学生提供实践指导，帮助创业大学生解决创业项目遇到的实际问题。在大学生创业企业进入市场后，孵化基地负责联系该领域专家及成功企业家建立导师库，为企业提供"一对一"的专门辅导，增加大学生创业的成功率。

（三）推进创业生态构建

高校大学生创业孵化基地不是一个简单封闭的系统，应建立一个面向学校，并由学校面向企业和社会的开放生态系统，使得创业孵化基地中的各种创业要素能够在系统中相互作用，相互联系，从而促进创业生态系统的良性发展。创业孵化基地应创建良好的创新创业氛围，从而培养创业大学生积极向上

的心态,有助于大学生提高创业激情和创业信心。结合创业大学生各自的情况开展相应的实践活动,从而提高大学生的创业意识和创业主观能动性。基地定期组织一系列的培训讲座,邀请相关的专家、学者及企业家等,对大学生创业提供相关的辅导,解答大学生在创业过程中的一些问题。

(四) 不断优化对大学生创业孵化基地的政策、资金和服务支持

大学生创业孵化基地的建设是一个复杂的系统性工程,需要政府部门的大力扶持、全社会的热心支持、全社会人员的广泛参与,才能够为创业孵化基地的建设提供良好的环境。因此,创业孵化基地的建设需要政府、社会、学校和企业共同努力,为创业孵化基地的建设创造良好的有利条件。对于政府部门,需进一步制定和优化保护创业的各项法律法规,不断推出鼓励创新创业的各项优惠政策,同时给予相应的财政资金支持,鼓励和支持各类金融组织或机构为创业者提供资金支持或利率方面的优惠,为创业者减轻资金缺乏的压力。同时,创业服务机构的各级部门应为创业者提供各类创业方面的帮助和服务,提高创业者创业的成功率。

第五节 完善高校大学生创业孵化基地建设的对策建议

大学生创业孵化基地的发展不仅需要从自身出发,不断完善自身的制度和提高建设水平,还需从外部环境进行正确的引导和大力扶持。大学生在创业过程中需要科学技术、管理理念、市场资源、资金等方面的支持。高校大学生创业孵化基地应充分利用高校的科研优势,主动加强和各高校的合作和联系,建立产学研一体化的合作体系,促进将科研成果转化为生产力。同时,大学生创业孵化中心应拓宽项目来源,可针对高校的科研项目进行开发,为入驻园区的企业提供相应的技术支持并提供优质项目。此外,高校大学生创业孵化基地应开设相应的创业教育课程,为创业者提供创业方面的培训,提升大学生的创业理论素养,增加大学生创业的实践能力。大学生创业孵化中心可利用高校的平台,大力宣传创新创业的意识,在大学校园里努力营造良好的创业氛围,从而改善江西省好多高校创业教育不足的现状。

一、完善创业孵化的扶持机制,为大学生创业提供政策保障

创新创业的发展离不开相应的政策机制,需要从政策的层面上支持大学生创业并且为创业孵化基地的建设创造相应的条件。各高校应根据自身情况的不同,积极主动地建设大学生创业孵化基地,为大学生的创业搭建孵化的平台。政府部门应发挥相应的职能作用,在制度设计、政策保障、税收优惠等方面为大学生创业者提供各方面的支持。地方政府部门为大学生创业者提供的优惠政策包括便利的银行贷款服务、各类的创业补贴政策、简化的相关手续等;税务部门在相关政策框架内,给大学生创业者提供税费减免等优惠政策;金融机构给大学生创业者提供资金支持,解决创业者资金短缺的问题;劳动及人力资源部门或相关的培训机构为大学生创业者办理相关的职业资格提供相应的便民服务。

(一)完善法律法规政策

现阶段,我国关于大学生创业的法律法规还不太完善。目前与创业相关的法律法规有《中华人民共和国劳动法》《中华人民共和国公司法》《中华人民共和国合伙企业法》等,根据这些相关法律制定相应规章制度,保护大学生创业者的合法权利,使创业者的人身权利、知识产权及财产权利不受非法侵害。

在法律法规完善方面,可以从立法方面考虑降低单人创业公司的注册资本,扩大创业投资的入股范围,如采用相关知识产权入股的形式,从而活跃创业氛围。大学生创业具有资金短缺的普遍特点,在注册资金方面可以考虑先让企业经营起来,后期分期缴纳注册资金,从而降低大学生创业的门槛。我们可以借鉴国外成熟的经验,对于微利行业的创业,可以想让大学生对创业企业进行经营,待经营一段时间后再缴纳相关税收,这种灵活的政策给大学生创业带来了一定的选择空间,可以选择更好的创业项目,有利于创业经济的发展。

(二)完善工商注册政策

我国从 2013 年开始加大了对大学生创业的扶持力度,提供了多种便捷的服务支持政策。对于毕业未满两年的大学毕业生,可以通过"绿色通道"办理个体经营许可证、企业公司注册等相关程序,提高大学生创业办理手续的效率。同时还享受包括注册登记、管理费、变更费及各类工本费减免优惠政策。

大学生创业者可以通过专门的银行渠道申请相应的创业贷款,并且相关银行提供相应的利率优惠,简化了贷款申请和审批的时间和流程。对于从事个体经营的大学生创业者,自工商注册起,可以免收 1 年的税务登记工本费和相关费用。大学生创立小微企业,享受相关的税收优惠,年纳税低于 3 万元的企业只需将其所得的一半记入所得税征收范围。此外,国家对于自主创业的企业,提供免费的相关岗位培训,以及免费保管 2 年的人事档案。

二、完善大学生创业孵化中心的建设机制,为大学生创业者提供机制保障

为了对高校大学生创业孵化基地及大学生创业的行为进行全程的监控和管理,大学生创业孵化基地应成立相应的专门管理机构。在大学生创业孵化基地成立管理办公室,由各学院成立领导小组。大学生日常的创业申请提交给管理办公室,并由管理办公室提交给相应的专家评审小组,确定创业项目能否入驻。管理办公室协调好各种创业孵化资源,为创业项目提供各类相关服务,帮助创业大学生尽快实现创业成功。管理办公室需对入驻的创业项目进行定期的监控,及时了解创业项目的进行状态,为孵化项目提供及时的建议和相关帮助。此外,创业办公室还需对创业项目进行定期考核,及时地对创业项目进行相关调整,增加大学生创业的成功率。

三、提供充足的创业资金,为大学生创业提供资金保障

资金问题是困扰大学生创业的一个关键问题,如果资金不到位或者缺乏,创业项目很难正常运行,创业项目就会面临失败的风险。造成大学生创业的资金紧张的原因有以下几点:一是刚毕业的大学生缺乏相关的财产抵押担保,很难满足现行的银行贷款风险评估机制,造成融资困难;二是高校虽然对大学生创业提供一些资金支持,但是只能解决一部分及短时间的资金需求问题,不能够在根本上解决大学生创业的资金问题;三是受到经济发展状况的限制,缺乏相应的社会捐赠机制,使得大学生创业的社会捐赠缺乏。

(一)对大学生创业增加资金支持

针对大学生创业资金不足的问题,可以从以下两方面着手:一是来自大学生创业孵化基地所在高校的资金提供、校友会捐赠等;二是吸引社会资金对大

学生创业的扶持，包括政府财政拨款、企业资金赞助及银行贷款等。不断整合大学生创业的各种孵化资源，尽可能地为大学生创业充实创业孵化资金。对于创业孵化资金的使用，首先，可用来建设创业孵化基地的基础设施，为基地配备相应的场所和设备，支付水电、网络设施等公用项目，以及支付基地相应工作人员的日常开支等。其次，利用孵化资金开展各类创业教育培训，提高大学生的创业素养，同时聘请相关的专家学者或者企业家为大学生创业者提供相应的咨询服务。

对于大学生创业的资金方面的问题，政府部门应发挥相应的作用。政府部门在启动资金问题上应该有所作为，应成立相关的专家部门，对创业项目进行可行性研究，发现优秀的大学生创业项目，成立大学生创业计划专家评审委员会，加大对可行性项目的资金投入。政府部门对于大学生创业项目加大财政投入，同时引导金融机构将资金投向项目较好的行业，提高优秀创业项目的成功率。

（二）减少大学生创业的税收开支，引进其他创业资金

政府部门应对大学生创业项目采取税收优惠政策，减少大学生创业的税务负担。同时，政府部门可指定相关的担保机构对发展前景好、符合国家发展战略、成长性好的大学生创业项目提供担保，协调相关银行对大学生发放小额担保贷款。

对大学生创业的资金扶持，应发挥民间资本的融资作用。充分利用城市和农村的消费能力，为大学生创业企业提供生存空间，充分发挥税收的调节作用，扶持好、服务好大学生创新创业事业。

四、打造专业的创业教师队伍、完善创业教育体系，为大学生创业提供教育保障

（一）打造专业的创业教师队伍

创业教师在创业教育的开展过程中具有关键作用。高校老师实践经验相对缺乏，因此高校可以鼓励在校高校老师在课余时间到企业兼职，提高高校老师的实践能力。高校应组织与创业有关的相关专业的专职老师进行相应的知识讲座，相关专业包括大学生创业所需的金融、财务、法律、税务、企业管理等专业。邀请具有实践丰富的高校校友、企业家、政府或企业等相关管理人员进行

相关的指导工作，为大学生创业提供实践性指导，并聘请创业导师。同时，高校与创业导师签订相关的协议，要求创业导师为学生提供一定的教学或咨询服务，并建立相应的反馈机制。

（二）完善创业培训的内容

高校对于开始创业教育的相关课程，需根据学生专业或自身情况的不同有所区分。高校大学生创业孵化基地可以经常组织与创业相关的讲座或沙龙，定期开设创业辅导咨询座谈会等，聘请各领域的专家学者对大学生的创业提供专业的指导。不断完善创业教育的内容，形成完善的创业孵化模式，增加大学生创业成功率。

（三）增加创业培训的多样性

高校大学生创业教育不仅需注重理论教学，更需强调创业教育的实践性，发展多样化的创业教育方式。首先，优化创业教育的课程，不断引进优秀创业教育课程，将市场中的热点项目引入课堂给学生进行讨论和分析，并将该类项目的成功人士请到学校和学生进行面对面交流，使学生有更直观的了解，激发学生的灵感和发散学生思维。其次，高校可开展大学生创业模拟大赛等相关赛事，激发学生的创业热情，同时让学生在竞赛中学会竞争，并在竞争中发现自身的不足，为以后真实创业打下基础。最后，高校应为大学生提供相关企业实习的机会，让学生走进企业，了解企业基本运行状况，从而满足学生创业的现实需求，突出创业教育对实践能力的重视。

第六节 结 论

高校大学生创业孵化基地为大学生创业者提供相关的孵化环境，提高大学生的创业成功率，以创业促进就业，为解决大学生就业难的问题提供了一条解决路径。本章对创业孵化基地的相关理论和概念进行了介绍，选取江西省南昌地区 6 所高校进行了调查问卷研究，并对国外高校大学生创业教育的经验进行介绍，最终提出完善高校大学生孵化基地建设的相关对策建议。本章的研究成果如下：

（1）对大学生创业孵化基地的相关理论进行介绍，包括：创业政策理论、创业系统理论、三元参与理论及创业企业孵化理论。阐述了创业孵化基地建设的意义、主要功能及运行模式等方面的内容。

（2）选取江西省南昌地区 6 所高校进行调查问卷研究，江西省部分高校创业孵化基地的现状如下：①政策、资金支持及场地设备投入不足；②课程与师资均非常缺乏；③学生创业团队专业化程度偏低；④创业孵化项目评估不科学。

（3）对国外高校大学生创业教育的经验进行了介绍，包括三方面的内容：①国外高校大学生创业孵化基地的基本情况；②美国高校大学生创业孵化基地特点；③国外高校大学生创业孵化基地建设的经验总结。通过对国外高校大学生创业孵化基地建设的经验介绍，可为我国大学生创业教育的开展提供一定的参考作用。

（4）针对调查问卷的研究结果及国外高校大学生创业教育的经验，提出完善我国高校大学生孵化基地建设的对策建议有：①完善创业孵化扶持机制，为大学生创业提供政策保障；②完善大学生创业孵化中心的建设机制，为大学生创业提供机制保障；③提供充足的创业资金，为大学生创业提供资金保障；④打造专业的创业教师队伍、完善教育教育体系，为大学生创业提供教育保障。

随着国家对大学生创业的重视程度及扶持力度的提高，大学生创业孵化基地建设会不断地发展和进步，将会有很多大学生创新型企业涌现，相信大学生创业孵化基地能够不断孵化出优秀的企业，从而促进大学生就业率及区域经济的发展。

本章附录

调查问卷

问卷编号：

1. 您的性别？
    (1) □男 (2) □女
2. 您所处的年级？
    (1) □大一 (2) □大二
    (3) □大三 (4) □大四
    (5) □研究生

3. 您的专业?

    (1) □理工类　　　　　　　　(2) □人文类

    (3) □经管类　　　　　　　　(4) □政法类

    (5) □医学类　　　　　　　　(6) □其他

4. 您对高校设立大学生创业孵化基地持何种态度?

    (1) □鼓励和欢迎　　　　　　(2) □包容态度

    (3) □没必要设立这种类型的基地，没实质性帮助

5. 是否需要为大学生创业孵化基地里的创业团队配备创业导师?

    (1) □不需要　　　　　　　　(2) □无所谓

    (3) □需要

6. 您是否觉得政府有无必要制定相关的优惠政策扶持大学生创业?

    (1) □非常有必要　　　　　　(2) □有必要

    (3) □无所谓　　　　　　　　(4) □没必要

7. 您认为政府制定的有关大学生创业孵化基地政策规定是否规范?

    (1) □非常规范　　　　　　　(2) □规范

    (3) □一般　　　　　　　　　(4) □不太规范

    (5) □没了解过，不太清楚

8. 您认为大学生创业应具备哪些素质或能力?（多选）

    (1) □良好的组织能力　　　　(2) □强烈的挑战精神

    (3) □良好的沟通能力　　　　(4) □具有相应的专业背景

    (5) □良好的社会关系　　　　(6) □优秀的市场把控能力

9. 您认为作为一个创业项目应具备的条件有哪些?（多选）

    (1) □具有一定的创新性　　　(2) □成熟性较高

    (3) □具有很好的市场竞争力　(4) □对大学生创业具有示范作用

    (5) □能很快产生经济效应

10. 您认为创业孵化基地的政策是否有缺失?

    (1) □缺失很明显　　　　　　(2) □有缺失，但不是很明显

    (3) □无缺失　　　　　　　　(4) □不太了解

    (5) □您若认为有缺失，你认为那些方面不够完善?_____

11. 您认为创业孵化基地提供的资金支持是否充足?

    (1) □提供资金支持很少　　　(2) □不足

    (3) □充足　　　　　　　　　(4) □提供资金支持过多

12. 您认为创业孵化基地场地设备投入是否充足？
　　（1）□稀缺　　　　　　　　　（2）□不足
　　（3）□充足　　　　　　　　　（4）□提供场地设备过多
13. 您认为创业孵化基地提供的课程和师资是否充足？
　　（1）□稀缺　　　　　　　　　（2）□不足
　　（3）□充足　　　　　　　　　（4）□提供得过多
14. 您认为创业孵化基地大学生创业团队专业化程度如何？
　　（1）□很不专业　　　　　　　（2）□偏低
　　（3）□专业　　　　　　　　　（4）□十分专业
15. 您认为创业孵化项目评估是否科学？
　　（1）□很不科学　　　　　　　（2）□不科学
　　（3）□科学　　　　　　　　　（4）□十分科学

调查结果统计

江西省部分高校创业孵化基地调查问卷（有效问卷589份）						
问题	选项					
	(1)	(2)	(3)	(4)	(5)	(6)
1. 您的性别？	306	283	—	—	—	—
2. 您所处的年级？	113	125	151	134	66	—
3. 您的专业？	349	42	105	25	54	13
4. 您对高校设立大学生创业孵化基地持何种态度？	316	234	39	—	—	—
5. 是否需要为大学生创业孵化基地里的创业团队配备创业导师？	71	99	419	—	—	—
6. 您是否觉得政府有无必要制定相关的优惠政策扶持大学生创业？	278	245	61	5	—	—
7. 您认为政府制定的有关大学生创业孵化基地政策规定是否规范？	15	108	177	175	114	—
8. 您认为大学生创业应具备哪些素质或能力？（多选）	446	433	423	452	158	363
9. 您认为作为一个创业项目应具备的条件有哪些？（多选）	423	367	333	171	116	—
10. 您认为创业孵化基地的政策是否有缺失？	191	223	89	86	—	—
11. 您认为创业孵化基地提供的资金支持是否充足？	184	360	44	0	—	—
12. 您认为创业孵化基地场地设备投入是否充足？	190	359	40	0	—	—

续表

江西省部分高校创业孵化基地调查问卷（有效问卷589份）						
问题	选项					
	（1）	（2）	（3）	（4）	（5）	（6）
13. 您认为创业孵化基地提供的课程和师资是否充足？	196	355	38	0	—	—
14. 您认为创业孵化基地大学生创业团队专业化程度如何？	64	408	111	6	—	—
15. 您认为创业孵化项目评估是否科学？	81	437	66	5	—	—

第四章

互联网金融背景下中国邮政储蓄银行九江市分行转型发展研究

第四章　互联网金融背景下中国邮政储蓄银行九江市分行转型发展研究

在经济降速换挡、产业结构优化升级的大背景下，国内金融市场发生了一系列新情况和新变化。信贷有效需求不足与风险防控压力进一步增大，不良贷款持续攀升；金融脱媒日益明显，直接融资比重不断上升，银行所能获得的利润空间不断被压缩；随着互联网的不断发展，互联网和金融行业的融合新模式不断地压缩商业银行现有的利润空间，抢占商业银行的大量客源，商业银行已经面临新时代来临的巨大压力。如何在新形势下完成商业银行业务的转型发展成为了各商业银行亟须考虑的重大问题。虽然从披露的相关信息看，商业银行仍然有很大的利润占比，银行员工的薪酬仍是各行各业羡慕的对象，但是各大商业银行之间的分层现象逐渐显现，更值得关注的是，随着互联网、移动通信、电子商务等新型业态在金融市场的渗透，金融市场格局出现了重大变化，对已有商业银行的冲击日益显现。面对金融市场如此巨大的变革，各大商业银行纷纷借助产品创新推动业务转型，如加大资产管理、投行业务、金融市场等轻资产的中间业务创新，积极服务"一带一路"、人民币国际化和企业"走出去"，着力拓展消费金融、养老金融等新兴业务，积极探索互联网金融模式创新。

随着互联网金融的出现，中国邮政储蓄银行的经营和管理模式也受到严重影响，传统的金融服务受到了互联网金融的严重冲击，传统业务所占据的份额逐年减少，越来越多的客户开始选择互联网金融企业。这种冲击已经严重影响到了中国邮政储蓄银行赖以生存的根本，中国邮政储蓄银行要想在这种新形势的变革中生存下来，就必须了解互联网，融入互联网，充分将自身的优势和互联网的优势相结合，找到自身未来发展的方向，在互联网新形势下完成转型发展。

第一节 绪 论

一、研究背景和研究意义

(一) 研究背景

21世纪以来，互联网技术逐渐成熟，人们的工作和生活也随着互联网技术的介入，变得更加丰富多彩。随着互联网技术的不断开发和创新，互联网的形态也实现了商业模式的转型，尤其是它与任何一个行业的结合都能得以立足和发展，衍生出一个全新事物被社会和人类所接受。

几千年前，人类社会便从货币开始接触金融业，金融业经过了漫长的岁月，时至今日，其实质和理论均达到了成熟的状态，当金融业在新形势下与互联网融合后，便有了"互联网金融"的产物，润物无声地改变和影响着我们人类的工作和生活。

现如今，涉及互联网金融的热词——移动支付、信息科技、大数据、云计算、社交搜索引擎等，早已耳熟能详、众所周知，遍布网络媒体和报纸杂志。互联网金融对于我们来说，若近若远，远的原因是刚刚兴起，具体结构在不停转变；近是因为多数人已经依赖于它，是我们生活的重要组织部分。

作为新兴行业的互联网金融，已经引起了社会的强烈反响。异常多的仁人志士被此行业所吸引，愿意投入毕生精力揣摩研究。而互联网金融，是否能像众多学者和专家所言，快速取代当今的商业银行仍然是个值得验证的命题，互联网金融是否会对商业银行构成威胁呢？若要尽快解开谜团，必须从互联网金融的定义、互联网金融的特色和亮点、商业银行自身如何转型接受新鲜事物三个方面进行研究。为使商业银行有更好的发展未来，尽己所能帮助其实现质的飞跃，本章选择"新形势下邮政储蓄银行转型发展研究"这个命题来进行调查和研究。希望通过此次研究解开上述疑惑。

(二) 研究目的

商业银行的市场份额在互联网金融的强烈冲击下不断消退，客户也逐渐被抢占，商业银行"独领风骚"的局面早已被打破。互联网金融打开了另一扇窗，商业银行仍是金融业的主力军，不能事不关己，需要迫切解决问题，顺应形势，迎难而上。

第一，不能轻看互联网金融的巨大冲击力。当前形势变了，在激烈的竞争市场中，商业银行要想实现逆袭，坚决不能束手就擒，必须高度警觉和时刻关注互联网金融的新举措、新动向，积极应战，实现战略转型，在互联网金融的新形势下脱颖而出。

第二，商业银行虽然受到互联网金融的影响，但从另一个角度看，也是机遇和挑战，如何通过自身的能力和优势把握机会，勇于进行银行革新和金融转型，来扭转被动局面是各商业银行当务之急。

第三，必须要用全面发展的眼光看待互联网金融。商业银行和互联网金融并不是两个不同的个体，而是互相依托、互相促进、互相改变的，反过来说，商业银行的革新也会推动互联网金融的发展，所以，商业银行需要有强大定力，立足本身，挖掘潜力，踊跃参与和推动商业银行转型发展，商业银行的良性发展对金融行业的稳定至关重要。

二、国内外的研究状况

商业银行改革发展逐渐深入，国内外学者在利率市场化和资本约束环境下，对资本约束的研究也日渐成熟和明朗，就目前研究来看，有以下几个方面的特点：

一是商业银行面对盈利模式被改变的新挑战，从四个着力点对经营战略进行及时调整，首先是压缩以往对信贷的依托，提高非信贷资产的比例；其次是在储蓄存款占比和主动负债比例上加码；再次是对客户结构进行调整，重视中小微客户，稳定大客户资源；最后是对收入的微观调控，提升中间业务收入对利润的占比。

二是商业银行受到资本约束、金融脱媒和利率市场化的影响，当前处于瓶颈期，商业银行若仍然保持传统发展模式不变，必将难以应对金融市场的新挑战。商业银行战略经营转型迫在眉睫，目前商业银行战略转型以实现股东价值的最大化为目标和方向。

三是运用资本约束下的股东价值最大化模型是转型研究的有力手段。主要有三个方面：①从外延粗放型增长转为内涵集约型增长的方式；②利用风险管理理念、风险管理机制和风险管理技术的模式重新组建商业银行风险管理模式；③从通用的账目利润和不良资产率入手，将绩效评价体系改变成为以 RA-ROC 和 EVA 为核心的绩效评价模式。

（一）国外银行业发展现状

从全球范围来看，整个银行业转型的经营发展趋势是综合化与多元化，同时更加突出对中间业务贡献的要求。从收集的资料来看，2016 年上半年，美国银行和摩根大通银行的中间业务收入占比分别达到 53.88% 和 52.31%，美国四大银行平均中间业务收入占比为 48%，境外商业银行受资本约束，加之利率早就市场化，因而中间业务的收入占比是非常高的。

随着互联网技术的迅猛发展，互联网金融早已在国外市场生根发芽，金融机构在其促进下也发生了不可替代的变化，英、美等海外国家早在 40 多年前就已创立了 Nasdap 系统，此系统的正式运营给网络金融系统贴上了步入实际运行正轨的标签。在多家银行的合力共为下全世界第一个银行网络体系开始运转，这也等于向全世界宣告，新的金融体系诞生了。2000 年年中，英国互联网银行签约了第一个合作伙伴，其业务范围涵盖了大部分金融服务项目，与此同时，建立最大的金融体系的初衷得以实现。部分地区和发达国家的网络金融开始崛起在 20 世纪 90 年代初，个人、企业理财模式、保险银行、证券交易、互联网金融信息共享服务等全部实现网络化。欧美等发达国家的网络金融模式主要分为网络支付、融资众筹、网络银行、网络贷款、网络债券以及网络保险六大模式。由此不难看出，网络金融发展在欧美等国已处于遥遥领先地位，但是国外的互联网金融也有一定的问题：首先，这些金融产品大多没有获得实体经济的接受与认可，存在信用风险；其次，它们的安全性堪忧，账户数据和资金安全存在隐患等。

（二）我国银行业发展现状

从国内来看，近年来许多商业银行中间业务收入在经营收入中占主导地位。目前，五大行和主要股份制银行中间业务收入占比大都超过 30%，其中占比较高的民生银行已达到 39.09%，中国银行为 37.73%，招商银行为 37.16%。从中国邮政储蓄银行来看，中间业务收入占比只有约 6.3%。当然，因为"自营+代理"这种特殊的模式，使得中国邮政储蓄银行 3.2 万个代理网点的中间业务收入反映在邮政代理的收入上，但即使加上这一部分，中国邮政储蓄银行整体网点创造的中间业务收入占比也只有约 14.54%。因此可以看到，中国邮政储蓄银行与同业差距巨大。产生这种差距的主要原因首先是认识问题，中国邮政储蓄银行现阶段也在逐步调整这样的认识。目前，银行业在服务客户时，已经逐渐从单纯产品销售转向全面金融服务，从而在满足客户综合化金融需求过程中，产生了大量的中间业务收入。中国邮政储蓄银行过去的产品较为单一，向客户推荐服务时，负债业务以抓存款为主、资产类业务以贷款为主，多元化服务客户的意识和能力总体还比较弱。如果不尽快改变的话，中国邮政储蓄银行和同业的差距只会越来越大。

在国民经济高速增长和货币政策大幅放宽的环境下，我国银行业在近几年里发展迅猛。但同样存在很多问题，比如经营风险的控制、管理模式、产品质量等，这是各大银行系统集体面临的大问题，如果不能妥善处理好，那么银行系统的发展将出现很大的阻碍，同时也是我国经济发展的阻碍，更有甚者会波及整个经济体系的稳定。互联网金融在中国已有 20 多年的历史，在大力提升国民经济发展的同时，也对国民经济的增长中起到了很好的促进和支撑作用。

随着金融机构的脱媒和金融市场理财产品的多样化，过去银行业的大行霸权时代已经终结。现在客户的话语权不断增强，尤其是随着中国整体收入水平的提高，中小客户越来越受到重视。同时行业竞争也变得空前激烈，除了传统大行间的竞争，各城市商业银行和村镇银行也已加入了竞争的大军，网络银行，民间银行和各种金融服务公司也加入了银行业竞争的大军。

一是互联网金融的出现将银行系统业务发展和网络信息技术有效地结合起来。随着互联网信息技术的成熟和发展，在一定程度上影响了银行系统的服务质量和产品创新。随着大数据时代的来临，新的金融产品和服务手段随之产生，POSS 机和自助存取款机的广泛应用，从根本上颠覆了银行业传统的经营模式和服务模式，给各大银行前台、柜台工作人员减轻了极大的负担，在更快更好地服务客户的同时解放了劳动力，增加了工作效率，实现了银行离柜业务的经营方式，此外，依托信息网络为代表的电子银行系统而大力发展的电话银行、自助银行、网络银行也已经成为现如今商业银行提高服务质量、开展业务创新和增强竞争优势的重要战略举措。

二是互联网金融的出现极大地促成了银行管理水平的深化。主要通过管理理念、体制与信息技术进行充分结合的方式使商业银行的管理水平得到提升。办公自动化系统是现代商业银行管理信息系统的重要基础，它改善了银行内部的办公流程，实现了银行内各部门之间的协同合作，缩短了信息从获取到分析、决策以至反馈和控制的时间，满足了日益增长的银行综合管理和专业管理的工作需要。

（三）研究现状评析

通过对国内外诸多文献进行整理归纳，不难发现，随着时代的发展，国内外学者对互联网金融和商业银行研究的深度和广度也在逐渐发生着变化。从最开始单一、简单的研究，逐渐走向深入、成熟的研究。

与国外相比，我国互联网金融的历史较为短暂，还是一个新兴事物。虽然随着经济的发展，互联网金融不断成熟，国内研究逐步深入，但整体研究的深度和广度还不够。互联网金融背景下商业银行转型与发展策略的研究还不够系统全面，理论与实践结合程度还不高，部分领域的研究还相对比较浅显。因此，整体研究的深度还需要进一步深化，研究的广度还需要进一步扩大。

三、研究方法与创新

（一）研究方法

文献及网络信息研究法。本书重点以搜索、收集和阅读大量期刊、杂志、名作、报纸等文献对商业银行和互联网金融的发展现状、优点和不足以及发展方向做细致研究，通过各类文献扬长避短，掌握商业银行和互联网金融的详尽内容，奠定良好的研究基础。

理论与实践相结合的研究方法。紧密联系我国历史背景和发展现状，把商业银行和互联网金融作为着力点，按照理论联系实际的原则，设计了打造智慧型银行、服务型银行和全能型银行的转型模式。

SWOT分析法。众多专家和学者表示，SWOT分析法是如今互联网金融大环境下最为科学和有效的分析手段，可以客观、全面地分析互联网金融和商业银行的优劣势，多角度、多元化地为商业银行寻找发展对策，提供合理化建议。

（二）创新之处

近年来，人民币国际化步伐不断加快。随着人民币加入SDR和"一带一路"倡议的深入推进，把握人民币国际化的时代脉搏，积极响应"走出去"的企业经营战略，坚持服务企业"走出去"战略，追随国家"一带一路"倡议步伐，是商业银行发展的必由之路。在"一带一路"倡议的指引下，各大商业银行纷纷根据"一带一路"沿线国家产能、资本的输出特点，加快沿线国家机构布局，并通过内外联动方式以项目融资、跨境并购、国际贸易、全球现金管理等方式服务大型企业"走出去"。中国工商银行总行最早成立"一带一路"倡议小组，在沿线 17 个国家设立分支机构，并先后促成锦江国际收购法国卢浮酒店集团、万达集团收购瑞士盈方体育等一批重大项目。中国银行先后在捷克、老挝、缅甸等国新设分支机构，并于 2015 年在境外市场成功发行全球首个"一带一路"债券。中国建设银行也紧跟其后，谋划了"始于东欧、纵贯中欧、耕耘北欧、兼顾非洲"的"一带一路"倡议目标，并构建了项目池和配套的产品库。农业银行将"一带一路"相关农业国际合作、基础设施互联互通、能源资源投资合作等作为重点领域。我国各大银行已开始顺时应势，紧跟国家"一带一路"倡议的号角和企业"走出去"的步伐，逐步打造成真正的全球性银行。

如果说 2014 年以前的互联网金融，是互联网公司主攻，商业银行防守，那么，2015 年以来，就是商业银行主动出击，全面转型的关键一年。特别是国家出台了《关于促进互联网金融健康发展的指导意见》，明确了互联网金融定义，为银行业开展新兴业务指明了方向；同时，一系列平台风险事件的爆发，迫使新兴金融创新纳入全面监管范畴，在一定程度约束监管互联网金融企业套利行为，利好商业银行。

商业银行全面转型，新兴模式不断涌现。作为银行系统互联网金融的领跑者，中国工业工行相继发布了 E-ICBC1.1 和 4.0 战略，推行了"融 e 购"电商、"融 e 行"综合金融和"融 e 联"即时通信三大平台和网络融资中心。中国建设建行继续围绕手机银行、微信银行和网银三大渠道，力推线下业务线上化，目前其电子渠道替代率超过 94%，并推出了如"快贷"等一系列新产品。中国银行主要围绕社区 O2O 和跨境支付两大重点领域，采用"众包"模式开展开放拓展式创新。中国农业银行推出了"E 商管家"和"E 农管家"等电商综合平台。交通银行设立互联网金融中心，打造线上"第二交行"。从实践来看，国内银行互联网金融创新思路有很多相同之处：从零售和消费金融切入，向对公业务和产业互联网金融渗透；从支付和理财业务切入，向信贷和电商等多元服务渗透；从单一的个体分析和线下业务线上化，向建立起前端连接核心企业 ERP 系统、电商平台、外部信息源和在线供应链，后端打通行内资产负债和客户管理等系统，以客户为整体视角的基于大数据分析的综合网络金融服务平台转变。

优势互补，银行与互联网企业携手共赢。中信银行携手百度设立百信直销银行，中国邮政储蓄银行引入阿里、腾讯作为战略投资者，富国、摩根大通等全球 40 余家银行联手投资区块链技术研究公司 R3。可以说，传统金融与新兴互联网金融业态融合已渐入佳境，通过股权等合作，发挥传统金融机构和互联网公司的各自核心优势，形成"金融+互联网"创新合力，已成为互联网金融创新的一个热门趋势。

商业银行破冰，物理网点转型迫在眉睫。2015 年，网商银行、微众银行等五家民营银行已经开业，并推出了口碑贷、微粒贷等一系列在线产品。此外，在客户向线上迁移的过程中，银行物理网点的作用也在悄然发生改变，中国工商银行连续两年减少境内物理网点数量，中国银行在减少网点数量的同时加大自助设备布设力度，2015 年上半年新增自助设备就超过 2014 年全年。把重心从重资产的物理网点模式转移到轻资产的智能化网点和线上平台上来，再以调整全功能网点为手段，发挥其在产品营销、客户体验、对公业务等领域的作用，将是商业银行网点转型的重要方向。

本章的创新之处主要表现在以下三个方面：

首先，本章的选题新颖。当国内众多研究方向还聚焦在互联网对商业银行的影响和理论研究方面时，本章把目光转移到了互联网金融上。以全新的视角和敏锐的嗅觉，认真分析了互联网金融冲击下我国商业银行转型与发展策略相关问题，所以选题较为新颖。

其次，改变以往传统的模式，除了学习理论知识外，善于利用 SWOT 分析法对互联网金融和商业银行的金融业务、盈利能力、经营业绩等进行对比分析，研判出商业银行的短板、出彩点、机遇和困难，尝试探寻商业银行成功转型的突破点，实现理论与实践的结合，达到科学研究的目的。

最后，本章除金融学本身外，还涉及经济学、信息网络、计算机科学、管理学等多个学科，按照商业银行的特点，我们国情和经济现状，探索一条商业银行转型与发展的道路，促进商业银行健康良性发展。

四、研究内容

本章共涵盖五部分内容：

（1）概论。从研究的价值、背景入手，结合当前国外及国内的整体状况，在研究方法和手段创新，以及研究内容与本章框架等方面展开。

（2）转型发展方向相关论述。主要介绍了新形势下中国邮政储蓄银行的发展方向、转型类型、转型的核心竞争力，为本章的进一步研究奠定理论基础。

（3）中国邮政储蓄银行九江市分行经营特点介绍。在这一章中，通过实例调查，详细了解中国邮政储蓄银行九江市分行的经营管理现状，主要从经营规模、收入结构、支出结构三个切入点着手，深挖细究。

（4）转型对中国邮政储蓄银行九江市分行的影响和带来的问题。该章介绍了资本管理、经营业绩、管理模式、网点转型、业务创新五个方面的影响，分析互联网金融给中国邮政储蓄银行九江市分行带来的变化以及给该行业带来的挑战，试图通过建立智慧型银行、服务型银行、全能型银行的转型模式来解决难题。

（5）互联网金融带来的影响和应对策略。针对上一章所提出的中国邮政储蓄银行未来发展的方向，将从宏观和微观两个方面分析互联网金融模式对商业银行的影响，结合我国的经济形势和商业银行的特质，要优先改变业务流程，使业务渠道多元化，从"人"这个关键点上下功夫，推陈出新，以客户为导向，调整经营战略，培养专业性技术人才，融洽战略合作关系，植入互联网金融元素，金融脱媒，推动利率市场化以及金融深化，搭建支付、理财、网贷、综合多种平台，提出应对策略，破解难题。

第二节 转型发展方向论述

一、发展方向

随着金融科技的迅速发展和互联网金融的深入人心，金融科技战略逐渐成为商业银行转型的关键所在。实现商业银行金融科技化发展方向，需要以构建"科技银行"为目标，从转变发展理念、培养创新能力和引入新兴科技、创新服务模式两个维度出发，在战略转型与战术调整的统一下，促进商业银行服务模式由传统执行式向交互式转变。

最近几年来，随着互联网对金融系统的不断渗透，各行业间的竞争也不断加剧。从实际情况来看，中小型银行希望借助互联网金融的优势完成"超车"，产品创新、模式创新、服务创新等措施高调频出。与之相比，大型国有银行企业则显得较为稳妥：一方面利用互联网改造传统信用贷款流程的同时，更为注重提高资金的可获得性和使用效率,尤其是着力支持"三农"产业、微小企业、校园借贷等薄弱环节;另一方面对产品、服务、可获取渠道等方面智能化进行提挡升级,加快"智能银行"模式的成型,使互联网金融发挥"尖兵"和"利刃"作用,为互联网金融的发展提供强大助力,并塑造出开放型、惠民型、互利共赢的金融科技新容貌。

二、转型类型

(一)智慧型银行

2017年是金融改革的关键一年,大数据、移动互联网、终端智能化、云计算和人工智能等为标杆的新型科学技术的发展迅猛,既节约了交易成本、降低了服务门槛,又促进了信息资源共享,金融业进入了新的发展阶段。金融服务效率在科技成果创新的促进下,有了大幅提升,使各大金融机构在满足社会各阶层意愿和诉求的同时,也有了更大的操作空间,服务的范围变得更广的同时,也使服务对象由单一群体向社会各阶层人士全覆盖。

"冰冻三尺非一日之寒",科技创新同样如此。2014年中国邮政储蓄银行成立了第一个网络金融实验室,主要目的是为中国邮政储蓄银行提供更尖端的网络金融产品,以先进的科学技术、更优化的流程培养成为具有商业模式的研究中心和网络金融产品新工厂。截至2017年10月,中国邮政储蓄银行网络金融实验室已经创新并推出了60多款产品,例如自助发卡、手机微信银行等。以网络金融实验室为契机,中国邮政储蓄银行在科技创新的体制机制上进行了进一步的完善,理顺了创新和管理、创新和风险以及创新和资源、创新和业务发展之间的关系,总行、分行之间在科技创新的串联下实现了上下联动,形成了合力共为的新态势。

根据中国邮政储蓄银行"十三五"IT整体规划,2017年将是任务落地的攻坚之年,平台基础体系、银行产品建设将进一步推进;同时还将大力开发人工智能化、区块链条、智能机器人等先进科技产品,打造集智能和体验于一体的智能型银行;进一步推进网络金融生态体系完善和创新,着重推进产品实体化、拓展市场背景;不断推动大数据战略体系,加快加大风险数据集成建设。通过以上平台的搭建,使资本市场响应更加迅速、产品的更新换代更加及时、客服服务的范围覆盖更广、识别目标客户更准确、运作风险控制的更为精细、服务的体验感更为贴心,为中国邮政储蓄银行的金融发展提供新的助力,也促使其迈上了新台阶。

(二)"全能"银行

国内及国际金融行业发展的必然趋势是发展"全能"型商业银行。各商业银行系统在传统的经营模式下业务范围越缩越小,利润越来越低,生存空间不断压缩,而随着行业间不断的、残酷的竞争,创新金融业务、改善现有的经营模式已显得迫在眉睫,刻不容缓,创建"全能"型银行也成为大势所趋。"全能"型银行致力于经营一切现有的金融业务,包括期限、种类不等的存取款、贷款业务以及各种债券买卖和信贷往来,满足一切支付和清算等金融业务需求的商业银行。商业银行势必要以全新的视角,努力打造业务全面化、职能多样化的综合性全能型商业银行。

在研发尖端技术型金融产品上下功夫,着力发展能直通客户的移动支付银行、"一站式"银行、企业式银行等金融产品,实现智能化、信息化、网络化,利用商业银行的科技信息化系统拉近银行与客户的关系,想客户之所想,急客户之所急,让客户无论在何时、何地都能及时、快速地办理想处理的业务,实现银行优质、高效的服务,不断推出个人金融业务新品种。通过创新发展,增加便于操作、新型的个人理财业务、私人资产业务、代理收付业务、咨询问答等品种,综合考虑资产理财、支付形式、信用贷付和信用评估等多方面的因素,尤其是在北上广经济发达的地区,思考和引进成熟的国际化私人金融品种。

转换目标,把镜头转向中小型企业,增加中小型企业的金融资产品种,拓宽融资面。具体的做法是,防控银行金融风险,打破传统的信贷策略和操作流程限制,开发中小型企业专用贷款、单位并购贷款、封闭式贷款、保护理财贷款等,既可以支持中小型企业的工作,也可以与其他银行联手发放银行贷款,为建设国有大中型基础项目提供资金支持,为国有企业的改革提供保障。

增加负债业务的发展。被动式吸取存款方式已经淘汰,在货币市场上必须变被动为主动,以定期发行债券为手段,向市场发出融资公告,除此之外,开启办理贴现金、转贴现金、回购债券、向其他银行转借,探索证券交易、公开业务市场等模式,调整筹资的通道和模式,改变资金来源模式老套、筹资被动的劣势。

在发展个人金融业务的基础上,还要强力推进中间业务的发展,以服务企业为目标,研究和开发全方位的业务,如信贷服务、代理承诺、基金升值、理财投资、咨询答疑等新产品,创新中间业务,金融业务面被拓宽,企业的竞争力和影响力得到提高,通过行之有效的经营策略,来提升商业银行的服务质量,去除商业银行的劣质资产,给"全能"银行改革减负,同时,完善相应的金融规章制度，合乎金融法律法规的建设要求，为使"全能"商业银行顺利运行，有关部门必须加强金融监管力度，提高商业银行产品类别、资产质量、服务能力等一整套安全体系。

（三）服务型银行

以客户为中心打造服务型银行。互联网金融发展让传统银行再次正视客户体验。层出不穷的线上产品，吸引眼球的不仅是流程的创新，还有极具亲和力的操作体验。当各家银行都在追逐年青一代的客户群体时，体验变得更加重要。中国邮政储蓄银行秉持"以客户为中心"的服务理念，持续推进互联网金融业务改革创新，不断提升客户体验，打造优质服务品牌。

市场竞争中，产品可以模仿，模式可以复制，而客户体验是最难以模仿的竞争力。为提高客户体验，中国邮政储蓄银行不断简化流程、创新服务，通过将先进的IT技术融入业务办理中，以智能化、电子化、标准化、一体化的服务推动互联网金融改革，不断提高服务效率，节省客户时间。自2014年起，该行就开展了"提高工作效率，增强客户体验""中层管理人员深入基层换位体验"等一系列活动，优化流程80余项，重点解决了客户关注的开户签约、挂失、开立证明、回单打印等冗长的业务环节，有效提升了服务效率。

三、转型的竞争优势

银行的核心竞争力就是必须有明确的市场定位和发展方向，前提就是知己知彼，扬长避短，占领市场。在经济飞速发展的今天，金融已成为现代经济运行的中心点。中国加入WTO以后，商业银行跻身于经济全球化和金融化的行列，与具有核心竞争力的外资银行一争高下，当今世界，关系国计民生的主题是金融体系、资产机构是否稳固、竞争实力是否强大等。作为实力较强的中国邮政储蓄银行，更要结合银行自身特点、历史背景、主打品牌、金牌业务、金融产品、客户人群等条件来确定战略方案，使银行资源达到最优化而脱颖而出。

首先，坚持"轻型化"的节约型发展方向。资本约束应当成为处理效益、规模、质量等目标关系的最关键要素。中国邮政储蓄银行必须坚定不移地落实资本规模与发展能力协调统一、资本的占用和补充相互平衡的原则，逐步改变资本消耗高的传统经营模式，走"资本轻型化、资产轻型化"的节约型发展路线。经营思路要由"规模"转为"质量"，致力于内涵方式的发展，在行业、地区和产品等各方面优化资本和资产配置格局，并以客户群体的动态为依托,进一步挖掘资本效益;由"大而粗"转为"细而精",充分利用金融和信息等科技手段,形成战略统一、定位精准、经营理念、营销手段、产品和服务内涵丰富、人力资源结构合理的差异化、层次化竞争格局,打造具有自身特色的行业优势;由"速度化"转为"精细化",既要规模又重效益的成本节约型发展路线。

其次,重视风险管理。银行系统想要实现价值,必须以风险管理为基石,资产质量是决定银行短期利润和长期价值大小的关键所在,缺少资产质量的保障,无法实现长久利润。在未知的世界里,资产质量具有很大的不确定性,商业银行必须致力于提升经济的资本管理和内部的资金管理定价等多重管理手段,建立自上而下的风险管理结构体系和具有一定独立性的报告途径。要全面、系统地运用包含云计算、大数据等在内的综合信息科技、金融科技和模型技术,定期对风险压力进行测试,控制并降低经营风险,降低和减少资金亏损。

最后,要创新既有金融手段。目前资本市场中的绝大部分投资者都会把企业既有业务所产生的增长效率换算成企业的股票价值,同时还希望企业的管理层在未来一段时间内创造出新的业务渠道,同时将这些预期融合到当前企业股价的估值中。国内各银行想要提升资本市场的曝光率,就必须注重各环节业务的产品创新,对资本市场、行业用户、行业产品与服务、市场价值进行重组、优化、强化市场,重新调整和审视金融生态环境,创新金融业务手段。

如果中国邮政储蓄银行的核心竞争力能聚焦在坚持轻型发展、强化风险管理、强化金融创新能力上来,聚焦在加速推进新科技平台搭建、加快流程再造、推进信息化网络管理上来,真正在科技手段、人才培养、企业文化、品牌效益等方面实现转型化和核心竞争力培育,那么,市场地位和能量将不可小觑,将会发生翻天覆地的变化。

第三节 中国邮政储蓄银行九江市分行经营特点介绍

一、中国邮政储蓄银行九江市分行基本情况

中国邮政储蓄银行的发展历程,大致可分以下四个阶段:

第一阶段，代办阶段：1986~1989年。根据国家的政策，邮政机构可以代办储蓄存款业务，收取的存款资金全部缴入中国人民银行，由中国人民银行统一运作。邮政机构储蓄存款成为中国人民银行信用资金来源，为邮政机构提供一定的手续费，这部分手续费成为邮政储蓄业务收入主要来源。

第二阶段，自办阶段：1990~2003年。这一时期，邮政机构收取的储蓄存款转入人民银行，业务收入转变为利差收入，不再缴存、不再获得手续费。

第三阶段，自主运用阶段：2004~2007年。国务院对邮政储蓄资金进行了明确的规定，实施"新老划段、新增资金自主运用"的办法，2006年，中国邮政储蓄银行正式成立，得到了原中国银监会的批准。

第四阶段，商业银行阶段：2008年至今。2007年3月20日，在北京人民大会堂，中国邮政储蓄银行总行正式挂牌成立，标志着邮政储蓄银行开始了商业银行运作模式。

经过四个阶段的发展，中国邮政储蓄银行已经积累了很多宝贵经验，初步形成了完备的商业银行经营管理模式。中国邮政储蓄银行在迅速发展的同时，不断加大网络服务的建设力度，在建设过程中，始终秉承着"根植城乡、服务大众"的经营理念，扩大服务覆盖范围，为更多的城乡居民提供邮政储蓄服务。服务渠道不断拓宽，除了沿用柜台服务之外，还开通了自动终端服务、网络服务等，能够充分满足城乡居民多方面的金融需求。

经过多年的发展和改革，中国邮政储蓄银行在原有基础上进行了一定的改进和拓展，增加了一些业务项目及业务种类，中国邮政储蓄银行业务如表4-1所示。

表4-1　中国邮政储蓄银行业务

业务类型	业务构成
基础金融服务	储蓄，汇兑，绿卡，ATM
个人结算业务	国内及国际汇兑，绿卡异地交易，储蓄异地，淘宝绿卡等
理财业务	人民币及外币理财，代销基金，持销国债，代理保险
小额信贷	小额抵押贷款，小额贷款业务，个人商务贷款等
外汇业务	欧元退税业务，结售汇业务
对公业务	对公结算，对公存款，企业网上银行
协议存款	同业拆借，协议存款，同业存款
其他业务	银团贷款，信用卡

2008年2月，中国邮政储蓄银行九江市分行正式挂牌成立。当前，中国邮政储蓄银行九江市分行主要经营吸收公众存款、办理汇兑业务、从事银行卡业务、代理收付款项及代理保险业务、代理发行承销政府债券等金融业务。拥有1家二级分行，10家一级支行，经营网点分布在九江市城乡各地。

二、中国邮政储蓄银行九江市分行经营管理现状

（一）经营规模

中国邮政储蓄银行九江市分行坚持抓质量，讲效益，贯穿二次革命的主线，实施打基础、严管理、重升级、求创新的方针，以零售信贷为主打，实现零售信贷的不断转型发展。

截至2017年初，中国邮政储蓄银行九江市分行个人经营性贷款净增额、小企业授信业务贷款余额年净增额均排名全省第一位。2016年，该分行立足做强小企业，抓实大企业的宗旨，加快推进公司业务关键项目，着力拓展金融市场类型，成功研发和发行了五四汽车金融有限公司12亿元的债券产品，一举成为中国邮政储蓄银行首笔汽车金融类的品牌工程，目前，五四集团的金融产品已超过10项的预期。中国邮政储蓄银行的本币外币、于公于私、对内对外的多元化营销度均处在全国邮政储蓄银行的前列。另外，该分行还积极与国家电网九江市电力、阿友控股、华科地产、金鹰重工等一大批企业合作，形成了互利共赢的良好态势。

（二）收入结构

从经济层面来讲，商业银行最具价值的业务就是为股东提供具有竞争力的回报，每年对股东的分红保持行业平均水平，甚至优于同行业。同时，一家商业银行还必须具备社会价值，要能够满足服务国家、服务社会的要求。就经济价值而言，要实现这些目标，利润表现是重中之重。

当前，在利率市场化等综合因素的影响下，银行利差大幅收窄，尽管与市场对零售银行利差的期望值有差距，但总体而言，中国邮政储蓄银行与同业银行还保持利差基本可比水平。可是在非利息收入方面，中国邮政储蓄银行严重弱后于其他同业银行。2016年1~11月，从"手续费及佣金净收入"与"平

均总资产"的比率来看，中国邮政储蓄银行较四大行平均水平低了 48 个 bp[①]（四大行平均值为 63bp，邮储银行为 15bp），差距非常悬殊。这种息差收窄且中间业务发展严重滞后的形势，使中国邮政储蓄银行的战略落地或者说对于投资人的承诺面临巨大挑战。中国邮政储蓄银行的资产收益率和资本回报率均低于银行同业，资产收益率大约是银行同行业一半的水平，非利息收入太少。中国邮政储蓄银行九江市分行，在收入结构上与全国邮政储蓄银行类似。

（三）支出结构

中国邮政储蓄银行九江市分行的支出结构坚持"四个原则"进行优化，归纳为以下几个主要部分：

依据遵章合规管理资金预算的原则。中国邮政储蓄银行九江市分行能有今天的发展，得益于严格执行此原则，并将财务管理制度和优化支出结构作为开展各项工作的前提。管理预算资金受到新《中华人民共和国预算法》的制约，特别是对预算执行过程的监管和查处，因此，该行及时结合《中华人民共和国预算法》相关规定对其《会计和出纳制度》《经济财务制度》等规章的财务核算和监管进行了要求，由于支出决策的重要性使然，科学和公平的决策能使支出管理有章可循、得到监督，有利于发挥支出效能，遵章合规管理资金能切实完善支出结构，提升资金效益，支出结果就能确保不出问题。

依据强化预算管理的原则。延伸讲，预算管理原则就是对新《中华人民共和国预算法》中的规定进行执行，特别是按照预算科目执行预算支出，各国有企业、中小型企业、事业单位的支出不能超出列支范围，必须按照预算执行，实行业务绩效评比评价制度，还要坚决执行廉洁自律、勤俭节约的财务原则，符合预算支出的编制，对各企事业单位的房屋基建设施和日常运行经费等支出进行严格控制，调剂多种预算科目和项点，积极在满足履责需求上倾斜，强化预算资料的管控，防止混用科目、冒名顶替、挪用占用的情况发生，对预算指标的批复强制执行。

依据履责需要的原则。受资金的限制，必须要保证发放货币政策、确保金融稳定、做好金融服务和发行货币等关键的、重点的业务支出。把日常采购办公用品、燃气费、汽油费、出差费、邮递费等灵活支出减少，调整到查询征信、核准账户、申报外汇、发行货币、宣传反假打假等支出方面，最大限度地发挥其职能作用。

---

① bp 指基点，1 个基点等于 0.01%。

依据强化预算绩效管理的原则。该原则能对改善支出结构起到良好的推动作用，有着深远的意义，是精准管理、科学管理的趋势。强化预算绩效管理的关键在于提高支出责任和支出效率，合理改变资源配比，优化预算支出管理，推进高效履责。为使财政性预算资金绩效评价工作落地，必须要在拓宽范围方面做文章，主要有日常公共费用、建设类开支、行政事务类等预算项点，在每个项目的预算编制、落实、监管的过程中体现绩效评价工作，在支出之初严加管理和制约，才能实现合法合规支出管理的目标。

三、中国邮政储蓄银行九江市分行经营管理存在的问题

（一）客户流失严重

1. 客户增长乏力

出于营销成本和维护费用的考虑，商业银行基本采取以中高端客户营销维护为主的策略开展客户拓展与资产提升工作。如表4-2所示，2014~2016年，中国邮政储蓄银行九江市分行有效客户净增数先下滑后上涨，5万元以上的中高端客户净增数先上涨后下滑，不同的是有效客户数净增后两年的净增数量均没有超过2014年，而5万元以上中高端客户净增数在后两年均比2014年高；私人银行客户净增数则一直保持良性增长态势。中国邮政储蓄银行九江市分行在近三年的客户数发展进程中所呈现出来特点，说明该行的中高端客户数一直保持着较好的发展趋势，而有效客户数的发展需要引起重视，避免出现持续下滑现象。

表4-2 九江市分行2014~2016年客户发展情况

年份	有效客户净增数	5万以上中高端客户净增数	私人银行客户净增数
2014	65577	6440	6
2015	61130	6969	12
2016	63698	6451	12

2. 网点流量客户大幅下降

金融消费者通过互联网平台能够实现足不出户就能进行金融消费，除非涉及现金支取时才会到银行物理网点办理，这一现象在"80后""90后"金融

消费者中尤为明显。中国邮政储蓄银行九江市分行网点柜员业务量从 2014 年的 564 万笔一路下滑至 2016 年的 455 万笔，三年时间下降了 109 万笔业务量，降幅高达 19%（见图 4-1）。大量的柜员面临淘汰或者转岗为客户经理的境遇。

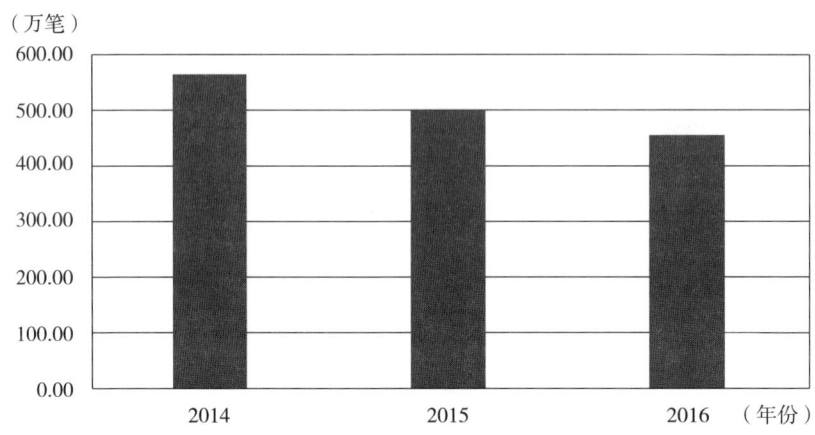

图 4-1　九江市分行网点柜员业务量

（二）中介功能弱化

1. 第三方支付平台的广泛使用

第三方支付体系包括第三方预付支付工具和第三方网络支付工具。在第三方支付系统下，所有个人和机构均可在中央银行的支付终端开立结算账户，移动互联网可以解决金融资产的支付和转移，支付清算实现完全电子化。毋庸置疑，这样的支付系统对中国邮政储蓄银行九江市分行现有的商户客户影响尤为显著。以支付宝为例，目前该第三方支付平台在中国邮政储蓄银行九江市分行所在地已渗透商家数达到 8276 户。主要包括以下四类商户：

餐饮：包含中餐、小吃、咖啡、火锅快餐和面包甜点等；丽人：包含美发和美甲等美容类商户；休闲娱乐：包含保健、休闲养生和棋牌休闲等；超市。这四类商家占比如图 4-2 所示。

在第三方网络支付工具出现之前，绝大多数商户可以选择的支付方式只有两种：现金或各商业银行 POS 机。现在，人们的衣食住行大多数都可以通过第三方支付进行，包括水费、电费、燃气费以及话费等也已经实现网上缴纳充值的功能。以支付宝、微信支付为代表的第三方网络支付工具利用"方便、快捷"的优势正在不断拓宽支付范围，逐步吞噬着中国邮政储蓄银行九江市分行现有的商户客户。

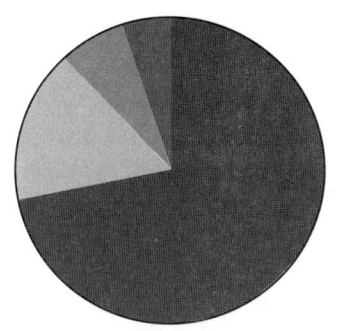

■ 餐饮　■ 超市　■ 丽人　■ 休闲娱乐

图 4-2　九江市支付宝口碑商家占比

2. 贷款平台的信息整合

在互联网金融模式下，资金供需信息直接通过网络发布进行匹配，供应方和需求方不再需要通过银行等中介进行，可直接产生联系和交易。供应方、需求方的信息近乎完全对称且交易成本低，互联网金融模式成为信息撮合的"充分交易性集合"。这样的低成本撮合机制提升了社会效率，同时也为中小企业融资提供一个相对公平透明的平台。而中国邮政储蓄银行九江市分行在客户准入门槛、贷款审批效率等方面较 P2P 网络贷款平台颇显逊色。

互联网融资平台目前主要分为网络债券融资和网络股权融资两个领域。比如最典型的 P2P 平台人人贷替代了传统中国邮政储蓄银行九江市分行的贷款业务，就属于网络债券融资。而网络股权融资的典型代表众筹平台，就是通过平台将中小企业或者个人的业务活动获得"众人"的资金募集。2016 年中国 P2P 平台成交排名前三的平台如表 4-3 所示。

表 4-3　2016 年中国 P2P 平台成交排名前三

排名	平台	累计成交额（亿元）	平均利率（%）
1	陆金所	2200	6.29
2	红岭创投	1050	11.34
3	网信理财	735	9.54

3. 理财产品的多样化

"余额宝"，一个由天弘基金和阿里巴巴旗下第三方支付平台淘宝在 2013 年联合推出的货币基金产品，开启了一个网络理财的新时代。余额宝产品用户购买门槛低、流程方便快捷、收益可观，一度引起金融界尤其是银行业轩然大波。随后，百度和微信等诸多互联网公司也相继推出了自己的理财平台和产品。除此之外，平安集团陆金所、人人贷等诸多网贷、众筹平台也希望在互联网金融产品这个市场分一杯羹，而相继推出形式多样的理财产品。BTA 理财产品情况如表 4-4 所示。

表 4-4 BAT 理财产品一览表

平台	产品	期限	预期收益（%）	起存金额（元）	备注
阿里巴巴	余额宝	无期限	七日年化 4.142	1	
	理财宝	30 天	6	100	
	存金宝	无期限		1	
	基金	无期限		10	手续费
腾讯微信	货币基金	无期限	七日年化 3.5	1	
	定期理财	30~90 天	日年化 2.7~3.6	1000	
	保险理财	66~365 天	5.1~5.8	1000	

（三）产品竞争力降低

1. 贷款政策和利率的限制

中国邮政储蓄银行九江市分行的贷款政策和贷款利率均由总行制定和指导，自身没有权限。2013 年中国人民银行全面放开贷款利率管制之后，中国邮政储蓄银行九江市分行在贷款利率上并没有获得多少实际的掌控权。2015 年随着中国人民银行对存款利率的上浮空间逐步放松管制，中国邮政储蓄银行九江市分行也获得了省行授权的自行确定存款上浮比例的权限，前提是不超过省行确定的 30% 的上限。但是在实际操作过程中，如果对所有客户均采用 30% 上浮利率会加大商业银行的成本，降低经营利润，完全不上浮又会降低存款的竞争力，所以基本上还是维持在 20% 的比例。

存款成本的增加，势必导致贷款利率的居高不下。目前，中国邮政储蓄银行九江市分行贷款利率至少上浮 10% 以上，且暂停了个人经营贷款、经营性物业贷款和中小企业联合担保贷款等项目，这样的贷款政策使得中小企业和个体经营者只能另寻他路。

2. 理财产品灵活度低

（1）中国邮政储蓄银行九江市分行理财产品购买起点至少为 5 万元，这一门槛限制了很多中小投资者。

（2）中国邮政储蓄银行九江市分行的理财产品期限为 40 天到 360 天不等，投资者购买产品后，需要 N+1 日产品才能扣款确认。产品到期后，本金和收益也需要在 N+1 日回到银行卡活期账户上。投资者的购买成本提高，购买体验感也不好。

（3）中国邮政储蓄银行九江市分行的产品投向较为单一。一是债券、存款等高流动性资产，包括但不限于各类债券、存款、货币市场基金、债券基金、质押式回购等货币市场交易工具；二是其他资产或者资产组合，包括但不限于证券公司集合资产管理计划或定向资产管理计划、基金管理公司特定客户资产管理计划、保险资产管理公司投资计划等。

（4）中国邮政储蓄银行九江四分行预期收益没有市场竞争力。正是由于其投向的单一性，致使产品收益只能维持在一个略高于定期存款利率的水平。而互联网金融理财产品的投向囊括了股权、债券、货币和特殊艺术品等。当然，这里需要说明的是理财产品投资收益和风险呈正相关关系。

第四节　中国邮政储蓄银行九江市分行转型的影响和带来的问题

一、资本管理

（一）收入

中国邮政储蓄银行九江市分行的主要收入来源于利息收入。2017 年 1~9 月，中国邮政储蓄银行九江市分行的主要收益来源分为贷款利息、投资收益和手续费三个部分，其中贷款利息占总收益的 65% 左右，投资收益占 18% 左右，而手续费收益占比最低，不足 1%。从总收益的结构组成来看，贷款和投资两方面的收益占据主导地位。据统计显示，国内各商业银行的主要收益也来源于债券和贷款业务。

（二）支出

中国邮政储蓄银行九江市分行最大的支出主要体现在"筹资成本"上。

所谓筹资成本是筹集资金而发生的各种支出。2010~2016 年，根据中国邮政储蓄银行九江市分行的支出报告显示，筹资成本支出占总支出的比重为 56.84%，其中存款利息支出占比为 42.25%，借款利息支出占比为 36.54%，从支出的构成比例来看，中国邮政储蓄银行九江市分行的主要支出来源于存款和借款的利息支出，这样的支出构成符合我国商业银行的大致状况，除去部分城市银行的支出中有部分用于宣传以外，中国大部分商业银行的支出构成基本类似，随着我国经济的不断发展，这样的支出比例反映了我国商业银行固守旧模式的方式，依然不能适应当前社会的发展，在互联网日益发展的今天，商业银行迫切需要转型来迎接新的营销增长点。

(三) 利润

中国邮政储蓄银行九江市分行 2008 年成立，在 2010 年以前，营业利润长期为负，到 2012 年营业利润始终增长缓慢。自 2012 年业务范围拓宽后，信贷规范不断拓展，在有力促进经济发展的同时，经营效益也不断提升。截至 2016 年，中国邮政储蓄行业九江市分行经营利润突破 200 亿元，达到 205.6 亿元，年均增速 36.63%。

二、经营业绩

监督管理层通过规范和监管，对银行的运行机制进一步进行了优化、改革，促进运营模式的提挡升级，通过一系列的举措，目前银行业发展形成了一个比较宽松的环境，在保证利润的情况下，生存和发展空间形势向好。

贷款和债券业务在短时间内已覆盖了大多数领域。中国邮政储蓄银行九江市分行的主要收入来源于贷款业务和债券投资业务，而这两方面也显示出来极强的势头，不论是存款总量还是覆盖范围均处于行业领先地位。投资范围的拓宽，给中国邮政储蓄银行九江市债券投资带来大风险的同时也带来了大利润。

中国邮政储蓄银行九江市分行加强费用控制、改善效率等一系列重要举措，带动了业务规模的增长，同时也带来了利润的大幅度提升。

三、网点转型

(一) 渠道建设

随着利率市场化不断推进，银行同业竞争日趋激烈，互联网金融蓬勃发展，各商业银行都在外部压力下开展了增强自身竞争力的改革措施。业界素有"渠道为王，终端制胜"一说，商业银行网点是它与客户沟通交流的主渠道，也是金融产品和服务向市场输出和传播的主要路径，更是银行收入的主要来源，网点营运成功与否对商业银行的发展起到重要作用。新的形势下，对商业银行网点转型进行研究，具有重要的现实意义和深刻的理论意义。一方面，有利于提升商业银行的竞争力；另一方面，为进一步深化商业银行网点转型提供参考。中国邮政储蓄银行网点应在竞争中自我修正，不断转型发展，应对挑战。

拓展电子经营模式和渠道，并引导客户使用；从客户的实际需求出发，物理网点、自助设备、电子银行三者统筹兼顾，合理分配，同时要拓宽电子经营模式和渠道建设，从以往的备选模式向主要模式转型。一是逐步推出手机微信支付、网银、手机电话银行等一系列的电子渠道，并定期提挡升级；二是增加对电子银行产品的营销和宣传力度，认真讲解、积极引导广大客户使用适合的电子产品，并在各大网点为广大客户设置电子银行体验区，发挥网点的主渠道作用；三是在政策上加大对电子银行的优惠力度，通过对人力、物力、财力等资源的不断投入，在岗位绩效评比中增加考核的权重，充分提高员工推销电子银行和引导客户使用的积极性，有效促进电子银行普及和发展。

（二）注重职工的培养

银行网点的转型势必导致一线职工工作岗位变化，新的经营模式对职工的素质要求更严、标准更高，商业银行应注重对一线职工的培训，为网点转型提供知识保障、储备有用人才。网点只是商业银行对广大用户提供最基本服务的平台，银行员工才是各大网点的形象代言人。只有关心职工的成长、注重职工的培养和发展，为他们提供公平公正的发展机会，才会调动职工的积极性，以更优质的服务和更好的工作态度全心全意为客户服务，从而留住客户资源。随着自助办理业务设备的大量投入和使用，电子、手机、网络银行逐步替代了传统物理网点，员工们逐渐走出繁琐杂乱的操作模式，他们的思想和需求也在不断变化，如果此时企业不注重员工的培养，转型发展势必会缺少动力。

（三）转变现有经营理念

各银行系统的经营理念应以客户为中心，在这种思想理念的驱动下，结合客户类型的不同，采取差异化的营销手段，比如依据客户的资产规模程度、对投资理财风险的承受能力、个人的喜好以及接受国内外教育程度等各项因素建立差异化、特色化、动态化的营销模式，面向不同的人群、不同的需求来提供不同的服务。除此之外，还要推行上下联动、相互交叉的营销策略。可以在营销某一单一产品的同时采取组合或连带的方式将网银、信用卡、保险基金、手机支付和其他理财产品等相融合，以套餐模式交叉经营，既满足了客户的需求又扩大了业务的范围，实现小规模的经营区域。

（四）减少物理网点数量

现阶段，各大商业银行销售各类金融产品和为客户提供各类金融服务的主要场所依然是银行的实体，商业银行具有贴近一线的明显优势，也在产品营销和客户维护等方面发挥着至关重要的作用。但是，这并不代表商业银行实体的数量越多效果就越好。商业实体银行的成本平均值随着实体站点的数量增加表现先抑后扬的趋势，也就是经济学中我们所经常说到的"U"字形结构。随着社会的进步，人力资源和房屋租金成本逐年增长，各网点的整体成本占比保持不断上升的势头。结合中国邮政储蓄银行九江市分行各网点业务框架和客户自身金融业务需求的变化情况，合理确定实体网点数量，电子、自助和物理网点三者统筹兼顾，合理设置。

四、业务转型

近年来，经济新常态与社会转型使银行的公司金融业务遇到了诸多发展"瓶颈"。首先，利率市场化的快速推进，使公司金融业务的利润率大幅下降；其次，资本市场的快速发展，融资脱媒加速，使对公信贷规模增长乏力，也使银行的传统信贷营销模式更缺乏生存空间；最后，经济下行和结构调整带来的企业经营困难，快速地传导到银行，体现为信贷资产质量的下滑侵蚀了银行利润，甚至对银行日常经营造成了巨大影响。

在人们行为模式升级、对经济的需求不断变革以及科技技术颠覆革新的驱动下，数据化、信息化对当前企业的规模形态、组织构架和资金管理的影响越发深入。我国乃至全世界的各大商业银行对数字化信息变革和金融科技纷纷呈现迎合态度。其中，银行公司业务也顺应企业财资管理的发展趋势，积极应用新兴金融科技，拥抱数字化变革和智能化升级。

在互联网金融的巨大冲击下，在内外部环境压力下，反应快、能力强的商业银行要保持定力，克难攻坚，紧跟时代发展的浪潮，根据自身利与弊，主动适应新变化、新挑战，前瞻性地调整自身发展策略和业务结构，积极寻找转型突破。中国邮政储蓄银行九江市分行主要从以下几方面寻求突破一是紧跟政府主导项目，推动公司资产业务行有余力。近年来，中国邮政储蓄银行九江市分行始终保持紧跟政府的强劲态势。2014年9月，九江市人民政府与中国邮政储蓄银行江西省分行达成向九江市五年净增投放资金不低于200亿元的战略合作协议；2016年11月，九江市城市建设投资开发公司和中国邮政储蓄银行九江市分行签署100亿元九江市城市基础建设产业基金战略合作协议；各县区支行与当地政府均签署了战略合作协议。在经济增速放缓、监管收严以及利率市场化加快的背景下，中国邮政储蓄银行九江四分行紧跟政府导向，重点跟进了如产业基金、PPP、棚户区改造等政府主导项目。服务实体经济渠道越来越宽，信贷投放规模越做越大，为建设开放繁荣秀美幸福新九江提供了充足的信贷资源。

二是紧盯重点项目，推动公司资产业务行之有效。中国邮政储蓄银行九江市分行持续深入开展"百园千企"和"走政府走总部"等专题营销手段，盯紧辖区范围内的所有重点项目，积极推动"以良好的政策提高信心、以降低成本增加效益、以优化环境稳定利润增长"的活动要求，建立健全有省、市各行领导亲自挂帅、亲自带头的重点帮扶小组，下基层、走一线，深入企业内部进行帮扶，形成"集点成线、由线带面"的"三维一体"的帮扶架构。该行行长带头组成"企业金融咨询"队伍，面向辖区管内各企业和工业园进行"行医就诊"、望闻问切，并建立全面具体的企业信息采集大数据库，"一事一案"制订措施方案。迄今为止，该银行已完成对全市辖内所有国企央企和上市公司的走访调研，并有针对性地提供金融服务。

三是紧绷风险之弦，推动公司资产业务行稳致远。在拓展业务发展的同时，中国邮政储蓄银行九江市分行把发展业务质量作为重中之重。首先是建立高风险意识。据了解，该行在全省各公司范围内的信贷逾期率为零。该行在全省范围内实行省、市各级领导小组成员分区域、分片区、分试点对不良贷款处置和逾期不良信用进行帮扶的机制，与此同时，每年坚持以三个月为节点的资金清理收缴比赛，形成了风险控制常抓长管、严抓严管的良好工作氛围；做实贷后管理工作，该分行及时寻找新的风险管理方法，根据相关制度规定，做好信贷后期的管理工作，使资产质量始终保持在优良的状态下。

五、转型途径

（一）构建综合服务平台

商业银行在转型过程中必须正确对待互联网金融自身所具有的优势，用包容的心态来向其学习。换句话说就是要充分发挥自身已有的优势，如完善的征信体制、用户信息等，在此基础上来发展互联网金融。一旦实现成功融合，很容易给银行的格局、经营方式带来有利影响，在很大程度上可以切断银行和客户之间的直接关系，利用电商平台作为中间联系介质。互联网金融的宗旨就是开放、平等、分享等，正是这种精髓让其在日后的发展中占据了绝对优势，大大提高了业务的透明程度，让更多客户参与进来，同时在节省成本的基础上实现了高效率的操作。除此之外，还降低了信息的不对称程度，变革了资金交易的方式和结构。

对于传统商业银行而言，其转型过程中最基础的工作就是搭建电子商务平台。实际操作过程中，必须着手搭建以下平台：

（1）支付中介平台。加强与互联网企业和其他类型的企业展开深入合作，比如第三方支付企业、运营商，共建支付中介平台，采用积极的态度来获取有用的价值，满足消费者的特殊需求。

（2）信用中介平台。积极利用彼此之间的优势，构建信用中介平台，推动新式金融产品的发展，提高销售额的同时扩大企业的影响力。

（3）信贷中介平台。从中小额度着手，引导中小企业来获取信用额度，拓展信息平台，解决中小企业资金问题。积极收集市场中常用的数据与信息，获取有价值的信息，最终达到对资金流、物流以及信息流的控制，最大限度地规避风险，采取多渠道的形式进行融资，解决融资难问题。

（4）综合性平台。基于上述三大平台，积极引入多元化金融产品，保证服务的全面型。不过值得注意的是，几大平台在构建时，并没有任何的次序可言，只需要切合实际情况来安排，其宗旨就是发展经济。

处于互联网金融社会背景下，商业银行必须面临转型，不过在此过程中要避免急于求成，要脚踏实地。"四个平台"建设已经成为商业银行重要的发展目标，有关部门要掌握好度，控制企业的资金流、物流与信息流，扩展融资渠道，充分挖掘市场中潜在的信息与数据，得出更加准确的规律。商业银行要主动承担起"财务全能管家"和"金融服务集成商"的责任，利用互联网金融发展的契机，及时做出调整与改变。一方面，积极构建完整的产业供应链，按照市场的实际需求来推出独具特色的产品；另一方面，将市场中多种渠道进行整合，保证金融产品的有效性与高效性，形成"一站式"服务，从根本上解决问题，促进市场经济的发展。

(二) 与互联网企业合作

处于互联网金融发展的大环境下，商业银行必须充分认识到自己的缺点。事实上，这些缺点很多时候又恰恰是互联网金融的优势所在之处。因此其可以通过与互联网企业进行协力合作来弥补自身的不足之处，最终实现共赢。大量实践经验表明：能有效推动商业银行成功转型的方式就是寻求互联网企业的帮助，两者协力合作，共同努力。

商业银行的优势有：实体网点分布广泛，拥有丰富的资金和风险管理经验，经营渠道多样化等。而互联网企业的优势在于拥有大数据技术和创新能力，两者的优势并不冲突，因此可以说两者的竞争并非一定要决出你胜我负，完全可以采取合作的方式来共同发展，实现共赢，现实也证明这种合作是非常有必要的。其实互联网和商业银行两者有着非常紧密的联系，前者在发展过程中必定会涉及后者，而后者的发展也离不开前者作支撑，因此互联网企业和商业银行可以采取优势互补的方式来共同协作发展。商业银行可以将互联网技术很好地融合进来，创建线上投资平台，实现客户资源共享。与此同时，商业银行可以在自身优势的基础上，积极学习互联网企业的大数据技术和P2P网贷经验，进而创建出属于自己的线上金融平台，积极挖掘新的客户资源，实现低成本高效率的经营模式，为银行赢取更高的经营效益。商业银行在转型过程中还需要和移动网络运营企业建立合作关系。也就是说商业银行要积极开发移动支付和移动金融业务。目前常见的移动支付模式包括：第三方支付、手机银行和移动通信运营商，其中后两者在整个市场中占据很重要的地位，因此如果商业银行和移动通信运营商可以强强联合，那么商业银行就可以在现有的条件上研发属于适合自己的移动支付业务，最大限度地提高支付的效率。如果这一点可以实现，那么在日后的竞争中就可以与第三方支付方式抗衡，在市场中占据一席地位。

随着信息化的不断发展，几乎没有企业能实现数据垄断，当然这也是完全不可能的，这就为商业银行和互联网企业合作提供了基础。要想在金融市场中占据一席地位，就必须准确掌握信息资源的控制权，这在很大程度上也促使企业与企业之间开始从原来的竞争关系转变为合作。其中值得注意的就是：商业银行在和互联网企业合作的过程中必须要处理好收益分配问题。重点考虑是否有合作的可能性，做到合理分配所得利益，只有这样才能通过合作打造出全新的市场，充分发挥互联网金融的优势。

第五节 互联网形势下中国邮政储蓄银行九江市分行的转型策略

一、从宏观层面分析互联网金融对商业银行的影响

(一) 金融脱媒

金融脱媒就是指在金融监管部门的监管情况下,资金供给绕开商业银行体系,直接输送给需求方和融资者,完成资金的体外循环。就商业银行来讲,金融脱媒将会给其带来较为严重的影响。

1. 对商业银行融资中介功能产生明显冲击

从贷款投放角度看,随着股票、基金、债券、信托等市场的发展,企业获取资金支持的渠道多元化,大型优质企业在融资市场具有更高的议价能力,可以选择在资本市场、债券市场进行直接融资,有潜力的中小企业可以通过创业板获得资金支持。企业可以根据综合比较各种融资渠道的交易成本、融资成本和综合收益,选择适合的融资方式。

因此,金融脱媒的深化引起了金融市场竞争加剧,原来属于不同金融市场的金融机构开始产生业务交叉和竞争,尤其对商业银行长期以来赖以生存的贷款业务产生巨大的冲击。

2. 盈利增长放缓趋势加速

金融脱媒对于商业银行盈利造成了严重的影响,而这些影响主要表现在以下几个方面:一是总量效应,商业银行贷款规模下滑导致贷款利息收入总量下降;二是价格效应,金融脱媒使商业银行优质客户流失,议价能力降低,在目前我国商业银行粗放经营还未根本转变的形势下,将直接导致存贷款利差缩小,进而影响盈利能力;三是成本效应,优质客户的流失倒逼商业银行转向中小企业客户,而中小企业客户具有规模小、分散经营的特点,商业银行对中小企业客户信贷风险的管控成本上升。

3. 商业银行风险管理能力尤显不足

金融脱媒造成了商业银行大量优质客户纷纷脱离,但是商业银行为了能够

发展，在没有办法的情况下只有选择那些资质相对较差，却有着较高收益的客户，以至于商业银行不得不面对更多的风险，再有就是，商业银行为了能够保证其获得的利润，开始有选择地对其自身已有的产品进行创新或者是开发新的产品，甚至是在不得已的情况下选择一些风险较高的产品。总之，对于商业银行而言，金融脱媒使其整体风险增加不少，在客户定位上由原来的低风险逐渐转变成现在高风险的客户，同时当中还存在着其他一些潜在风险。按照这样的情况，商业银行已有的风险控制制度已经不适合金融市场发展的新情况，尤其是对流动性风险、利率风险以及信用风险等方面表现的都比较明显。

4. 信息技术加剧了对商业银行经营模式的挑战

互联网信息时代快速的发展，使网上银行以及手机银行在不断发展，尤其是第三方业务更是如此，很多网络公司以及电子商务企业开始利用当前存在的信息交易平台和庞大的数据信息进军金融贷款业务。互联网的时代使人们的消费习惯发生了重大的转变，以至于传统的销售模式被彻底打破。互联网金融以其独特的经营模式和价值创造方式，对商业银行传统业务形成直接冲击。

金融脱媒，迫使传统商业银行不得不开始进行有效转型，也只有转型，商业银行才能够适应当前的市场竞争。

一是观念转型。由于传统体制机制等原因，商业银行当中的中高层管理人员经营管理理念都表现得较为传统，难以适应新形势的要求。观念决定出路，面对金融脱媒等金融市场出现的新情况，商业银行管理者必须与时俱进，及时转变观念，更新经营管理理念，只有这样才能适应金融市场的新形势、新情况，提升自身市场竞争能力。

二是提升人才素质。互联网金融背景下的金融市场对人才的需求出现了极大的变化，人才的多元化要求日益提高。任何事业的关键因素在人才，商业银行必须认清互联网背景下金融市场对人才的多元化要求，通过"内培外引"，打造一支懂管理、有技术、了解金融市场规律的多元化人才队伍。

三是转变经营方式。在金融脱媒背景下，商业银行需要对存贷业务以及增值业务进行有效创新，改变其现有的经营方式，在一定基础上全面发展零售行业以及中间业务，逐渐放弃对资金较为依赖的业务；对客户结构进行有效调整，在大客户维护的基础上，积极发展中小型客户，服务中小微企业；从以往单一的存贷业务努力开拓其他融资方面的业务。

四是创新管理方式。管理方式创新，不要求一步到位，从浅层次创新开始，逐渐深入。从以往的被动管理转向主动管理，从以往的定性为主的风险管理转向定性、定量并重的风险管理等。

（二）推动利率市场化以及金融深化

商业银行顺利转型，推动利率市场化是基本前提，而深化金融改革也是推动金融业发展的重要步骤。全面放开利率管制是从 2015 年下旬开始的，虽然已有一段时间，但并不意味着利率市场化改革就已经成熟，仍然需要在此基础上谋思路，在提升商业银行的调控水平上从长计议。

从金融角度来看，利率市场化持续推进以及互联网金融的迅猛发展，导致商业银行存款增速大幅下滑。但值得我们关注的是，我国利率市场化在资产市场、网络金融市场方面是机遇，商业银行在当前面临的利率市场化大环境下，更是挑战，数据统计，我国商业银行贷款以 15%~16% 的同比涨幅，而存款却在不断下降，不到 10%，发展不平衡的问题发人深思。

以推动利率市场化促进互联网金融的发展有以下几个显著变化：第一是互联网金融加速了利率市场化，以前利率市场化进展很慢，是因为银行很抗拒，互联网金融以创新力量推动利率市场化，银行不得不适应。以余额宝为例，如果银行不推出类似产品，资金就会加速流向余额宝。第二是极大地提升了金融创新与竞争质量，现在储户基本都不需要去银行了，在网上基本上都能解决问题，这是因为互联网及企业的服务创新。第三是打破了国有金融垄断，互联网金融在一定程度上是服务于小微企业和个人，目前互联网金融和商业银行是相互依存的状态，但依然是竞争关系，以支付宝、腾讯为例，其用户需求远远超过不少商业银行，所以在未来很可能继续以十分迅猛的发展速度向大银行发起正面冲击，会给金融格局带来改变。

二十多年前我国放开了商业银行之间的市场同行业拆借利率的政策，党的十八届三中全会是加快推动利率市场化的转折点，互联网金融的产生加快了利率市场化的推进。

目前，互联网金融主要以发展较为成熟的第三方支付、P2P 和网络理财为典型，它们是社会发展、金融改革的结果，是将来发展的风向标，意义深远，主要表现在以下两方面：一方面，提高了市场效率加快了金融改革的步伐。发挥互联网金融先进的技术支撑和丰富客户资源，刺激传统商业银行投入到互联网金融的竞争中来，激活了金融系统的能力和动力，提供了更为齐全的产品和服务；另一方面，为社会各阶层和群体提供了选择空间。通过可负担的成本为中小型企业、农民、城镇居民服务，减轻其经济压力，这是传统商业银行的又一突破。

2016年以来,"钱袋子""余额宝"等互联网金融代表在较短时间内得到了快速的发展,就是国家普惠金融政策的体现。利率市场化改革,建立普惠金融是其重要组成部分,旨在把收入水平低的个人和小型企业纳入金融服务中,满足金融体系中各层级人群和微小企业的资金需求。由此看来,降低准入资格是互联网金融的重要手段,提高了普通人群进行理财投资的参与度和热情度。

从发展情况来看,互联网金融正在从名义化向实际化过渡,金融产品也层出不穷,如互联网货币基金,受益者主要是收入较低的群体,用空闲资金带来了利率的增长,无形中提高了普通人群小额空闲资金的参与度,受此类互联网金融理财产品的影响,很多商业银行也推陈出新,推出了不少理财政策,推动了利率市场化的进程。

综上所述,互联网金融在推动利率市场化的进程中起着举足轻重的作用,突破了金融发展的重围,极大地提高了市场资金配置效率。反而,曾经占比较大的存款利率在某种程度上制约了资金配置效率,给金融发展造成了负面影响,使实际利率产生变化,受金融投资的牵制,资金配置效率下降,利率不能在资金配置中起到传递作用。

(三)全智能化

在业务覆盖范围方面,现有的商业银行应该在传统业务办理模式的基础上,积极寻找和拓宽业务类型和种类,扩大业务辐射范围,并通过与其他金融公司、网络平台、电商、移动公司加大合作,打造出多种类、多业务的综合经营模式。

逆流而上、顺势而为,以现代成熟的信息技术、电子技术、网络技术等新型技术为载体,在传统业务的基础上,通过延展业务范围,促使业务种类多样化,同时强化与移动平台、电商平台、金融机构通力合作,以推进商业银行多方位、多层级的发展,打造多种智能化业务模式,使金融产品不断升级,种类多样、品质当先。

商业银行还应在原有的金融产品基础上,建立专业的研发团队,有针对性地开发其他品种,结合本行特点,建立属于自己的金字号品牌,另外,实现全智能化运营模式,转变以往传统的依靠人工办理的老旧形式,充分挖掘和利用网络金融的优势,开发先进的电子、电脑服务系统,通过建立集人工办理与智能化一体的多层次、多选择的业务办理渠道,为广大客户提供可多重选择的空间。

(四) 缓解小微企业融资难题

小微企业是我国国民经济的重要组成部分，为解决就业难题、打造经济活力与繁荣贡献了重要力量。但数据统计显示，目前我国有八成的小微企业的流动资金不能满足需求，超过六成的小微企业没有得到中长期贷款支持，在停产的小微企业中，有近一半是因为资金短缺。融资问题严重制约小微企业进一步发展，甚至关系到小微企业的生死存亡。而新兴的互联网金融的出现在很大程度上解决了中小微企业融资难问题，极大程度上促进了小微企业发展，充分激发了实体经济的创造力和活力，为大众创业、万众创新打开了大门。

中国的小微企业主要通过内部融资，直接、间接融资以及民间自发借贷等较为单一的途径筹集企业发展资金，从当前各中小企业融资的实际情况来看，情况不容乐观，"资金不足"是目前广大中小型企业面临的相同问题。

1. 内源性融资

它是所有中小型企业创业初期首先选择的融资模式。由于创业初期没有足够抵押且没有建立起足够的诚信度，这些中小型企业家基本上很难从实体银行等现有金融机构中获取贷款许可，只能根据自身资金多少寻找合伙人或向兄弟、朋友、亲戚借款来创业经营，同时还要将生产经营中的部分收益拿来进行扩大生产。这种资金融合的模式有利有弊，其优点在于资金融合成本较低，存在的风险相对较小，弊端在于获取的资金较少，资金的稳定性没有保障，对企业长远发展有诸多限制。

2. 直接性融资

直接融资的方式有多种，比如发行债券、股票和吸引第三方进行风险投资等，直接融资是一种刚刚兴起的融合资金的方式，其优点在于企业可以根据自身所需筹集到可以满足需求的足够资金用于企业的发展和壮大。但由于上述方式要求的门槛过高，同时大多数风投公司过于追求自身利润，所以直接融资方式更偏重于国有企业或大型跨国企业。目前我国只有很小一部分尖端行业及科技技术含量较高的中小型企业才能够通过上述方式获取足够资金支持，并不能作为广大中小型企业都能利用的主流融合资金的渠道。

3. 间接性融资

目前，我国中小微企业的融资是以抵押贷款、资金担保、信用贷款等方式获取资金，但是弊端在于缺少抵押物和诚信度，这也是不少中小型企业很难从银行得到贷款的重要原因。在各级监管部门的大力支持下，商业银行已经对中小企业放宽了政策，增加了信贷投放力度，但当前企业发展和增长迅猛，商业银行对中小型企业的信贷规模的增速仍满足不了小微企业发展的资金需求，加之商业银行受监管部门诸多条条框框的限定，导致中小微企业不能享受优质的金融产品，据数据调查，2016年北京中小微企业获取商业银行贷款的不到20%。

4. 民间借贷

随着金融市场的变化，中小型企业在其发展上缺乏大量资金，再加上银行对其贷款业务在进行审核时要求比较严厉，最后使这些企业不得不选择找寻一些民间借贷组织进行资金筹集，以此来减少经营当中遇到的资金难题。民间借贷在办理业务时不需要复杂的手续，而且只要手续一旦完成，立即就能够得到资金，但需要付出较高的利息成本。

目前，我国中小微企业在进行外部融资时因为其没有好的环境支撑，使其在融资过程当中存在着严重的阻碍，主要原因有以下几点：

融资途径缺乏。就我国而言，现在大多数中小型企业想要按照其合法的路径进行融资，其方式主要是向商业银行进行贷款，想要利用其股票以及债券的方式进行融资存在的难度是很大的。当前使用股票和发行债券的方式进行融资只是那些大型上市公司，中小型企业几乎没有这些融资渠道。但是当前我国民间借贷还属于不合法的状态，中小型企业进行民间贷款面临的风险是非常大的，需要付出太多代价。就商业银行而言，因为风险及监管等原因，他们在为中小型企业进行贷款办理的时候还存在诸多限制，可能导致贷款失败的现象发生。融资渠道的匮乏是我国中小微企业融资难的一个十分重要的因素。

没有完整的社会融资担保机制。企业信息对金融机构来讲也是一种固有资产。我国在2006年开始进行有关中小型企业信用方面的检测实验，构建信用管理平台，但就当前来讲，所收集到用户信息与我国中小型企业的实际数据相差太大，银行在没有相对应的信息情况下，不可能满足其贷款要求，再加上我国为中小企业提供信用担保的机构少之又少，而且门槛高，给予担保的金额也较少，难以满足其资金需求。

政府扶持政策难以贯彻。在国家"十二五"规划中，2013年的政府工作报告和国务院扩大会议上都不止一次提到了为中小型企业顺利获得融资提供一定帮助。这其中就包括逐步发展和规范微小型金融机构、建立行之有效的信贷考核、激励制度、开发用于中小型企业贷款的单独金融债券或放宽融资市场准入的政策和条件等举措。但这些举措是否能够真正落到实处，在国内众多的中小型企业家看来，恐怕还是个未知数。因为此前国家已经推出过多种针对中小型企业的融资政策和惠民福利，但基本都是老生常谈、换汤不换药、治标不治本，上面的政策到了地方就不好使了、不管用了，很难一以贯之。而且国家一旦出台新的货币缩紧政策，这些既有的扶贫政策就又成为不折不扣的"窗户纸"，难以从根本上解决中小型企业融资难、发展难的问题。因此国家针对中小型企业特点出台一部既能保护又能促进中小型企业发展的法律法规，从根本上给予这些中小型企业提供法律保障，给出台的各项政策穿上合法的"外衣"，确保政策制度能够执行和延续，已成为广大中小型企业家的迫切愿望，也是当务之急。

网络金融与传统融资有着本质区别。依靠传统的融资模式，中小型企业发展过程中融资道路充满荆棘，困难众多。而网络金融的适时出现，给了中小型企业喘息的机会，也在一定程度上解决了中小型企业资金困难的问题。网络金融的运作模式相比传统的金融业务更清晰、更透明，大大增加了中小企业参与的机会，无论是在合作上还是在操作上都变得更便捷、更协调，且大大降低了成本。

首先，网络金融模式可以解决中小企业在融资过程中产生的信息不匹配问题。各大商业银行完全可以通过互联网上的公开交易信息、金额、记录来掌握中小型企业的经营情况，并根据企业规模、信用等级给予中小企业不同程度的信用额度和相应的贷款利率。这样的公开信息不但能够有效缓解中小型企业资金难、融资难的问题，还能使各大商业银行时刻掌握其动态，更能放心大胆地投入更多的资金供中小型企业发展使用。

其次，网络金融能够大大降低企业贷款的资金成本。与传统借贷金融模式相比，网络金融自助化服务平台，可以使商业银行直接或间接查询企业的资金状况和实际情况，不需要花费大量的精力、财力去企业内部实地考察和调研，更不需要浪费宝贵的时间去分析、追踪企业的经营发展状况，无形之中大大降低了资金成本，同时也大幅度提高了中小型企业的融资效率。

最后，网络金融能够充分缓解担保力不足的问题。在以往传统的融资过程中，大量中小企业因不能提供足够资产抵押而被拒绝贷款的案例大量存在，网络金融的发展和实行从根本上改变了抵押不足、担保不足的限制。中小型企业不再需要任何形式、任何需求的担保和抵押，通过与各大网络商务平台企业合作来形成无形的网络联合担保贷款，以共同的名义向银行申请贷款，各企业之间共同来分担其中的风险。

由此可见，不断壮大和发展的网络金融将成为中小企业获取快速融资的主流方式。

二、从微观平台视角看互联网金融对商业银行的影响

(一) 支付平台

第三方支付是从电子商务的网上支付发展起来的，其目的主要是在商家和消费者之间寻找一个桥梁，进而促进双方交易顺利实施，其作用相当于一个"担保公司""信用中介"，最终使交易双方的信任度达到一个可交易的保障条件。

移动支付正逐渐成为互联网金融的主要支付方式。据有关数据统计，我国中青年手机网民占整个手机网民的绝大多数，其中一半以上已习惯于网上支付的方式。目前，移动公司推出的支付业务其主要目的不单单只是为了增加一项单纯的支付业务，更主要的发展战略是为了占领这一未开发出来的市场渠道，为下一步攻城略地占得先机。目前移动公司支付刚在国内兴起，其安全性和可靠性还有待完善，不过随着互联网金融的发展，特别是移动智能终端，比如智能手机的普及，移动支付将让人们在任何时间、任何地点和以任何方式进行支付的理想得以实现。当前，安全防范技术比如身份认证和数字签名等技术已基本成熟，使用移动支付的客户将从普通百姓的小额支付延伸到企业之间的大额支付，支付范围已逐步替代当前所有银行结算支付方式，比如现金、信用卡、支票等。

新型货币支付系统在网络金融的大环境下，表现出了以下几个基本特征：一是任何机构和个人都只在央行的支付中心开设存款和证券账户，不再存在二级商业银行账户体系；二是不论现金还是证券等金融货币资产的转账或支付都通过移动网络完成；三是所有的清算、支付流程全部实行电子化、网络化，现金流通形式即将消失。

(二) 财务管理平台

理财投资指的是投资个体或单位根据个人需求采取合理安置资金，并运用存储、各大银行推行的理财产品、证券、股票基金、保险期货、购置商品、兑换外汇、房产开发、P2P 服务平台、艺术文化及工艺品等理财工具对家庭或个人及各大企业公司、事业单位的资产进行投资管理和合理分配，来达到保值创收的目的，以此来加速固有资产的快速增长。

理财投资这一概念，最早起源于 20 世纪 90 年代初。随着中国股票、证券市场的不断扩容，各大商业银行及零售业务的逐渐丰富和人民总收入的不断上升，"理财"这一新概念应运而生。

一是以某些担保机构进行风险担保的交易模式，也就是大多数人认为最安全的 P2P 交易模式。以此类服务平台作为中间媒介，平台自身不吸收资金，不放取贷款，仅仅为广大客户提供金融类服务，再由与其合作的小型贷款公司和第三方担保机构共同提供担保。这类服务平台的交易模式大多数为"一方需求、八方供应"，即某一借款需求往往由多个投资人或投资单位完成。这种模式的突出优势是可以充分保证各投资方的资金安全，统一由多家大型担保机构共同担保，一旦遇到死账、坏账，第三方担保机构就会在还款拖欠的第二天把原有本金及产生的利息第一时间打到各投资方账户。

二是 P2P 服务平台下的债务权益合同转让采取"多对多"模式。有借款需要的实体或个人和投资人都是自由组合的，把大量资金借给有借款需求的最大债权人并对其进行分割，再通过将债权转让的方式将部分债权转移给其他投资方，从而获得所需的借贷资金。

三是各大金融公司联合推出的网络服务平台。从其主营业务模式上看，表现出更浓厚的金融色彩，也更"专业"，其拥有领先行业其他单位的安全风险控制能力和尖端、可靠的网络服务平台，再结合其对金融业、电商管理及丰富的服务经验，采取高效安全、严谨科学的业务流程，为所有金融投资人提供最为专业的、科学的配资建议、资金互配、风险管控等金融类信息服务。

（三）网络借贷平台

P2P 网贷平台，是 P2P 物理借贷与互联网借贷两者统一结合的金融类借贷服务网络平台。"Peer to Peer Lending"简称 P2P，其中，Peer 是指单体、个人的意思。互联网借贷模式指的是在发生借贷的全过程中，把个人基础资料与所涉及的资金以及相关的手续合同等全部由物理资料转变为网络资料，这种方式是随着全球互联网技术的不断发展和社会广泛个体借贷需求兴起进而不断崛起、发展而来的一种适应新形势、新需求的金融模式，同时也是将来金融类服务的发展趋势。

长久来看，网络金融才刚刚开始，随着社会的不断进步，网络金融狂潮的声势必会形成一浪更比一浪高的发展趋势。当前的鱼目混珠、参差不齐的发展情况一定不会长久持续下去。P2P 要想持续、健康的发展必然会经历一番疾风骤雨，击垮并淘汰一大批经营不力的网络借贷公司，更有甚者，要打击、剔除掉一批又一批以 P2P 网络金融平台为幌子，私底下进行违法犯罪、非法牟利的犯罪团伙。经过几轮重组、洗牌之后，一些大型的、实力雄厚的网络借贷公司也许将吞并一些中型、小型网络借贷公司。与此同时，一门心思做平台服务的 P2P 金融公司将会不断引进和寻找新的一批金融机构进行协作，联结落网信贷行业的上、下游，优化网络服务产业链，进而形成一个规模宏大的网络金融产业群体和链条。根据近几年网络金融服务的发展大趋势来看，如果国家相关政策和法律法规没有大幅度的变化和调整，行业发展环境不会造成不利影响，估计再经过 3~5 年的捶打和历练，中国将会成长一批规模可观的网络和物理借贷相结合的 P2P 金融公司。

P2P 网络借贷行业的发展规范已在行业中形成广泛共识。目前具体实施的路径主要有以下三种：

第一，通过民间现有资金借贷服务站点进行监管和规范。例如，上海、广州成立一家借贷登记服务管理中心，通过公司的形式引入 P2P 服务平台，对所有相关交易数据记录、登记备案，以供审查，实现对 P2P 服务平台业务的监察监管，这属于一种相对规范的管理方式。

第二，通过基础信息服务行业及高级行业协会等进行规范。此模式在北京等发展较快的城市已经开始初步进行尝试。怎样评价 P2P 服务平台，是一道令行业颇为头疼的问题，具有很大的争议性。在现有的法律大环境下，将 P2P 服务平台定性成金融机构还为时尚早，因为在我国的法律法规中对金融类机构有着非常严格的审批、审查及准入要求，所以目前来说，把 P2P 服务平台定性为信息类服务机构相比来说应当更为准确，通过信息行业协会不断地进行研究和摸索，并进行规范和自律也不失为一种可行的管理方法。

第三，成立 P2P 服务行业的自我管理联盟。根据我国相关规定，在成立行业协会前必须要先找到它相应的主管部门，之后才能到国家民政局审批。而当前面临的问题是 P2P 服务平台根本没有相应主管部门，通过审批的概率也非常渺小。这就导致当下的一些 P2P 组织均为民间自发的小型组织，完全没有官方认定和官方背景，这就会缺少相应的约束力，所以更加迫切需要成立行业自我管理联盟。

历经十余年发展，网贷行业从最初的无人问津到被认可接受，正逐渐改变包括高净值人群在内的社会大众的投资方式。未来，网贷行业在政策引导下，强者恒强的"马太效应"会日渐凸显，综合实力较强、运营合规合法的主流大平台对用户和资金将会产生较大的虹吸效应。一般情况下，综合平台由资金交易、电商、基础、增值、配套五大模块及其具备的功能所组成。

1. 关于建立资金交易的方式

利用互联网平台的资金配置和定价机制,将互联网融资平台作为途径,把商业银行传统的投资和融资关联起来,互联网融资平台会依据双方意向的要求,按照多人对一人、一人对多人、多人对多人的方式,为客户提供共同交易、信息匹配、管理资金、升级信用等多途径提供专业化的服务,促进交易双方完成快捷、便利、可信度高的资金往来。

2. 关于实行基础信息交互的方式

基础信息服务是指为投资方和融资方分别提供相关资金供给、需求等方面信息的告示、搜索和查找。首先,有相关金融方面服务需要的客户,要实名制注册基础信息;其次,要对客户身份进行验证,通过相关资质审查后,方可上传投资、融资双方供需信息,并由后台工作人员进行非常严格的审查核定后予以更新和公布,此时供需双方便可寻到满足双方要求的交易对象。

3. 关于中介机构支持配套的方式

中介机构是综合平台的一大亮点,凡符合我国法律、相关管理条例和资金交易规定的,并在法律事务、会计、物品拍卖、资金担保、事务咨询、协会、资产评估等方面具备一定能力,就可以在综合平台上设点,构建在线互动服务网络,给资金交易增添了附属服务,更好地达成交易共识,起到防控风险的作用。

4. 关于增值服务的方式

开发移动终端的增值服务是又一举措,前提是确保基础客户和重点客户高度重视,在线服务与线下互动同时运作,在此基础上来提高以往的增值服务,减少支出,实现多方支付增值服务的目标。

5. 关于电商服务的方式

现代化的电商平台,是集金融和传统电子商务于一体的新型平台,通过对电子商务平台的研发和创新,对金融供应链中涉及的各个环节进行有效整合、统一,使新型电子商务平台在客户沟通对接上,更具备综合性优势。在此基础上,客户在拥有开设独立自主域名的网络商城的同时,还能拥有理财、结算、分期付款等多种多样的福利,展现自身产品形象的同时,又实现了物流和仓库系统的无缝对接,以库存为出发点,为广大客户提供了集订单、发货、追踪等于一体的"一站式"服务。

三、推进中国邮政储蓄银行九江市分行转型发展的策略

（一）打造一体化平台

随着信息技术的迅速发展，各种新型金融产品的相继产生，市场竞争变得日益激烈。面对竞争日益激烈的金融市场，中国邮政储蓄银行九江市分行必须站在时代发展的角度，立足当前、放眼未来，打造一个业务全面、产品多样的全方位、多层次一体化的金融服务平台。

面对互联网金融的强势来袭，各种金融需求的日益增加，人们对金融服务的深度和广度提出了更高的要求。在这样一个背景下，中国邮政储蓄银行九江市分行应在其原有业务的基础上积极拓展业务范围，丰富金融产品种类，整合业务办理流程，实现真正的业务全面化、产品多样化、经营一体化的金融服务模式。在一体化金融服务平台模式下，客户可以在任何一个营业网点办理现金存取、资金借贷、金融理财、服务咨询、业务代理等多种金融业务，与此同时，一体化金融服务平台还为客户提供了多样化的金融产品，无论是资金业务、借贷业务还是理财业务、投资业务，客户都可通过一体化金融服务平台同时办理，其业务办理流程简单方便，客户也无须在不同金融机构之间来回奔波，为客户提供极大便利的同时也节省了大量时间，真正实现了金融业务的一体化服务。

（二）优化业务流程

为顺应时代发展，与时俱进，中国邮政储蓄银行九江市分行必须全面优化业务流程，结合当前的经济现状和客户需求，通过科学的方法建立一套系统完善的业务流程标准。将原来繁琐复杂的业务流程精简优化，缩短各项业务申请、办理、审批、执行时间，减免不必要的中间环节，打造一个透明化、精简化的业务办理模式。与此同时，提高各项业务的处理速度，打破部门间壁垒，加强各部门的协调合作，全面提高整个组织运作效率，为客户提供更加高效便捷的服务。

（三）开展业务创新

随着各种新型金融模式的迅速兴起，中国邮政储蓄银行九江市分行也同样受到严重冲击，面对越来越激烈的竞争市场，中国邮政储蓄银行九江市分行必须积极应对冲击。在原有业务的基础上，加强业务创新，研发各种新型金融产

品，同时提供多样化的金融服务。在这个全新的时代背景下，人们的需求随着经济、文化、社会的发展不断变化，因此中国邮政储蓄银行九江市分行应打破传统业务的经营观念，加强与客户之间的沟通，深入客户之中，掌握不同客户的不同需求。从客户的角度出发，积极进行业务创新、产品优化，并针对不同种类的客户研发出不同种类的产品。以理财产品为例，由于年轻人的思想较为开放、风险承受能力较强，且刚刚进入社会，资金需求量较大，因此可以针对年轻人推出风险收益较高的理财产品。与年轻人的消费理财观念不同，老年人的思想较为保守，且不愿意承担较大的风险，因此可以针对老年人推出收益稳定、风险较小的金融理财产品。

（四）加强和互联网企业的战略合作

中国邮政储蓄银行九江市分行要想市场竞争中取得胜利，就必须与时俱进，全面分析当前的经济现状，立足于银行自身的长远发展，加强与互联网企业的战略合作。

第一，积极加强与手机移动平台企业合作，打造全新手机银行。随着信息技术、电子技术的不断成熟，手机用户规模迅速扩大，移动上网普及率全面提高，手机已经成为人们生活中十分重要的一部分。因此，中国邮政储蓄银行九江市分行必须抓住这个巨大商机，积极与手机移动平台企业合作，开展手机银行业务，在手机上推广银行业务、金融产品，打造全新手机银行。

第二，积极加强与电子商务平台企业合作，大力推广各项金融业务，拓宽业务渠道。近几年，淘宝网、苏宁易购、1号店、聚划算、慧聪网、国美在线等电子商务企业迅速兴起，并凭借品种齐全、价格低廉、24小时全天服务等诸多优势受到众多企业和消费者的青睐。中国网购用户人数迅速增加，电子商务交易总额就不断提高。市场清晰地告诉我们，电子商务企业拥有雄厚的客户基础，巨大的市场交易规模，积极加强与电子商务企业合作不仅可以为中国邮政储蓄银行九江市分行带来广泛的客户资源，还可以为其长远发展带来巨大的商机。因此，中国邮政储蓄银行九江市分行应积极加强与电子商务平台企业合作，开展支付结算、资金借贷等传统业务的同时借助电子商务平台大力推广各项金融业务，从而谋求更加长远的发展。

（五）调整经营战略

客户作为"衣食父母"，不仅是中国邮政储蓄银行九江市分行长远发展的前提，更是其生存、盈利的基本保障。因此，中国邮政储蓄银行九江市分行必须始终把客户放在第一位,树立"以客户为中心"的经营战略。

第一,提高客户服务质量。中国邮政储蓄银行九江市分行应全面提高服务质量,树立良好的服务理念,始终把客户满意作为根本目标。从客户的角度出发,用真诚、热情的态度对待每一位客户,想客户之所想,做客户之所需,为客户提供更加多样化、全面化的高品质服务。

第二,提高客户服务效率。中国邮政储蓄银行九江市分行应全面优化业务服务流程,利用现代信息技术、电子计算机技术,结合客户需求建立一套系统完善的业务服务流程,削减不必要的业务环节,提供高品质、高效率的业务服务。

(六)提高风险管控能力

与互联网金融相比,虽然中国邮政储蓄银行九江市分行在风险控制方面取得了较好的成绩,但绝不可放松懈怠。随着金融行业的迅速发展,风险问题也呈现出"与时俱进"的特点,各种新型风险问题不断产生,面对危机四伏的金融市场,中国邮政储蓄银行九江市分行要想在市场竞争中取得胜利就必须保持清醒的头脑,把风险降到最低。

首先,应结合当前的经济现状和发展形势,建立一个多层次、多角度、全方位的风险防范系统,全面监测各项业务指标,对出现问题或者相对薄弱的环节及时进行优化调整,在根源处避免风险问题的产生。

其次,在风险治理方面,一旦风险发生,应及时切断风险源头,避免风险事态扩大,造成更大损失,与此同时运用科学的风险治理手段,及时快速地将风险问题消灭于萌芽之中。

最后,应积极学习借鉴其他金融机构的成功经验,总结其失败的教训,减免同类风险的产生,与时俱进,全面优化风险管理制度,提高风险控制能力,为其长远发展提供坚实的安全保障。

参考文献

［1］张春华，韩世梅，白晓晶.面向未来发展的数字素养及其培养策略——基于《新媒体联盟地平线项目数字素养战略简报》的研究［J/OL］.中国远程教育：1-8.

［2］季子豪.市场营销战略管理与创新研究［J］.现代营销（下旬刊），2019（2）：22.

［3］国务院办公厅印发《关于推进政务新媒体健康有序发展的意见》［J］.电子政务，2019（2）：95.

［4］刘畅.新媒体时代图书出版跨界营销模式与创新路径［J］.中国出版，2019（3）：34-36.

［5］王亚贞.新媒体背景下的品牌定位与推广策略研究——以农夫山泉为例［J］.现代营销（信息版），2019（2）：235.

［6］付国乐，马悠，张志强.出版传媒企业资本运营模式研究［J］.中国出版，2019（2）：28-30.

［7］周凯，李虹含.融资租赁支持首都经济高质量发展的机理与政策建议［J］.管理现代化，2019，39（1）：5-7.

［8］韩茜.新媒体背景下广播电视生存空间拓展路径探究［J］.记者摇篮，2019（1）：25-26.

［9］章京文.新兴传媒［J］.传媒，2019（1）：7.

［10］侯志峰.新媒体时代国有企业政工管理方法创新研究分析［J］.管理观察，2019（1）：38-39.

［11］毛远远.中文传媒溢价并购智明星通研究［D］.北京印刷学院，2019.

［12］王炜璠.媒介融合背景下出版品牌战略研究［D］.北京印刷学院，2019.

［13］王馨玉.媒体融合背景下新华网公益频道发展策略研究［D］.北京

印刷学院,2019.

[14] 郝婧云. 新媒体环境下电视媒体的转型路径思考——以湖南卫视的全媒体平台"芒果生态圈"为例 [J]. 西部广播电视, 2018 (24): 30.

[15] 王金林. 移动优先实现传统媒体和新媒体融合转型战略 [J]. 西部广播电视, 2018 (24): 80+82.

[16] 叶振华. 电视民生新闻与新媒体的融合发展之道 [J]. 西部广播电视, 2018 (24): 86-88.

[17] 梁莹, 温文. 互联网思维下的奢侈品品牌营销战略研究 [J]. 纳税, 2018, 12 (36): 203.

[18] 马小菲. 新媒体背景下企业市场营销模式创新策略 [J]. 农家参谋, 2018 (24): 282.

[19] 谢新洲, 柏小林. 全国县级新媒体发展调查分析 [J]. 出版发行研究, 2018 (12): 5-11.

[20] 张建红. 实施平台战略 创新融合路径 [J]. 新闻前哨, 2018 (12): 4-5.

[21] 刘剑涛. 高校图书馆新媒体服务层次SWOT量化分析及战略研究 [J]. 情报探索, 2018 (12): 92-96.

[22] 乌海花, 张莉娟. 基于互联网思维的广电新媒体发展探析 [J]. 传媒论坛, 2018, 1 (23): 45+47.

[23] 邓艳红. 新时代下新媒体与传统媒体融合研究 [J]. 传媒论坛, 2018, 1 (23): 129.

[24] 王昕, 陈晓. 主流媒体融合发展的战略与策略——基于新媒体发展基本问题的观察与思考 [J]. 新闻战线, 2018 (23): 64-66.

[25] 邓科. 浅析新媒体形势下体育直播平台的发展——以腾讯NBA为例 [J]. 视听, 2018 (12): 152-153.

[26] 杨辉. 融媒体环境下央视新闻的创新与发展探析 [J]. 视听, 2018 (12): 190-191.

[27] 尹冬梅. "互联网+"新媒体时代国产品牌传播的创新研究 [J]. 中国商论, 2018 (33): 12-14.

[28] 邓林. 试论央视新闻"两微一端"的发展策略 [J]. 中国广播电视学刊, 2018 (12): 4-6.

[29] 张驰. 新媒体时代传统出版的改革与创新 [J]. 传播力研究, 2018,

2（34）：108.

［30］蔡薇．新媒体时代传统媒体的应对策略与发展趋势［J］．传播力研究，2018，2（34）：5-6.

［31］李凡．媒体融合背景下洛阳烽火广告业务整合营销策略研究［D］．兰州理工大学，2018.

［32］廖文萌．新媒体时代企业市场营销策略分析［J］．传媒论坛，2018，1（22）：89+91.

［33］张昱．新媒体环境下的媒介集团品牌营销研究——以皮克斯动画工作室为例［J］．新媒体研究，2018，4（21）：68-69.

［34］缪志波．基于SWOT分析的高校思政工作新媒体矩阵建设研究［J］．新媒体研究，2018，4（21）：11-14+19.

［35］孙乐怡，荀洁．地方主流媒体区域性融合的不足与对策［J］．新媒体研究，2018，4（21）：92-94+103.

［36］张迪，周晓辉，高涵．影响央企新媒体策略使用的因素分析：卓越公共关系理论视角［J］．国际新闻界，2018，40（11）：166-176.

［37］马红艳．地方党报打造区域新型主流媒体的基本路径［J］．新闻战线，2018（22）：68-69.

［38］王笑丹．地方党报新媒体转型困境与突破路径［J］．新闻战线，2018（22）：16-17.

［39］高山．高校新媒体矩阵育人功能定位和建设路径研究——以江苏警官学院为例［J］．江苏警官学院学报，2018，33（6）：98-101.

［40］郭全中．新媒体环境下传统媒体转型战略研究［J］．新闻爱好者，2018（11）：29-32.

［41］路璐，朱志平．历史、景观与主体：乡村振兴视域下的乡村文化空间建构［J］．南京社会科学，2018（11）：115-122.

［42］吴宗敏，吴宇．以政府治理创新引导"后真相时代"的新媒体政治发展［J］．未来与发展，2018，42（11）：42-47.

［43］福建省石狮市融媒体中心揭牌成立［J］．中国有线电视，2018（11）：1282.

［44］邹妍艳．西方国家媒体融合的战略与启示——以BBC和《华尔街日报》为例［J］．国际传播，2018（6）：90-96.

［45］张静．新媒体视域下高校基层党建工作创新性研究［J］．现代商贸

工业，2018，39（36）：119.

[46] 朱昱琳. 新常态下金融租赁行业的发展策略——基于电力行业供给侧改革的研究［J］. 当代经济，2018（21）：30-34.

[47] 王丽琼，苏雅拉图. "一带一路"背景下新媒体给蒙医药文化传播带来的机遇与挑战［J］. 中国民族医药杂志，2018，24（10）：74-76.

[48] 袁辛，熊熊，王晓宇. 天津自贸区利用融资租赁发展资本市场的思路与建议［J］. 经济研究导刊，2018（30）：76-81.

[49] 邓长哲，张雷，李佳彬. 中小企业融资租赁的问题研究［J］. 时代金融，2018（26）：165+170.

[50] 苗稳. 我国自由贸易试验区融资租赁的发展困境与优化策略［J］. 对外经贸实务，2018（8）：81-84.

[51] 柳晓明，黄利文. 经济新常态下金融扶贫的工具创新与路径选择——以融资租赁为例［J］. 吕梁学院学报，2018，8（3）：76-79.

[52] 于贺尧. DTV传媒有限公司营销策略研究［D］. 大连理工大学，2018.

[53] 杨溪濛. 北京市公共交通空间新媒体应用研究［D］. 北京交通大学，2018.

[54] 王江燕. 安徽卫视的媒体融合发展现状与对策研究［D］. 重庆工商大学，2018.

[55] 祝海南. Z文化传播公司"互联网+"营销策略研究［D］. 江西财经大学，2018.

[56] 刘露. 我国报纸媒体融合创新实践案例研究［D］. 温州大学，2018.

[57] 张洪川，秀梅. 试论纪录片《新丝绸之路·和田寻宝》中玉文化媒体传播［J］. 塔里木大学学报，2018，30（1）：20-26.

[58] 贾曜榕. 基层文化传播中视听艺术的传播效果研究［J］. 电视指南，2018（3）：185+187.

[59] 樊勋靓. A公司文化传播业务拓展研究［D］. 上海外国语大学，2018.

[60] 张仁杰. 大庆岱博文化传播有限公司发展战略研究［D］. 东北石油大学，2017.

[61] 刘雪琳. 新媒体背景下"一带一路"沿线文化传播模式研究［J］. 新媒体研究，2017，3（2）：9-10.

［62］宋翠艳．河北 XYL 文化传播有限公司营销策略优化研究［D］．石家庄铁道大学，2017．

［63］李扬．S 报业集团新媒体营销策略研究［D］．山西大学，2016．

［64］王健．大学生自主创业与高校创业教育的实施［J］．中共福建省委党校学报，2015（4）：75-78．

［65］胡艳芳，苏霞．大学生自主创业问题探析［J］．中国大学生就业，2013（12）：42-43．

［66］戴树根，胡节良，马志奇．我国大学生自主创业问题浅析［J］．湘潭师范学院学报（社会科学版），2016（5）：153-155．

［67］陈琛．浅谈大学生自主创业的利弊［J］．宜春学院学报，2008（3）：168-170．

［68］周璐．浅谈高等院校大学生自主创业［J］．辽宁行政学院学报，2008（9）：226-227．

［69］徐耀生．对大学生自主创业的理性思考［J］．兰州学刊，2009（3）：106-108．

［70］陈康敏，彭小孟．大学生自主创业能力培养探析［J］．赣南师范学院学报，2014（5）：87-89．

［71］姬道兴．浅析大学生创业教育内容体系和模式［J］．教育与职业，2007（23）：95-96．

［72］张俊，颜吾芟．论大学生创业教育［J］．北京交通大学学报（人文社科版），2015（1）：95-99．

［73］刘素杰．大学生创业教育课程体系构建的探讨［J］．河北职业技术学院学报，2007（10）：29-31．

［74］熊礼杭．高校大学生创业教育的实践探究［J］．武汉科技大学学报（社会科学版），2007（8）：397-400．

［75］常建坤，李时椿．美国的创业教育及其启示［N］．光明日报，2005-12-28（11）．

［76］郭丽君，刘强，卢向阳．中外大学生创业教育政策的比较分析［J］．高教探索，2013（1）：132-135．

［77］季学军．美国高校创业教育的动因及特点探悉［J］．外国教育研究，2014（3）：62-65．

［78］姜小军．英国：多方支持，保障大学生创业［J］．教育与职业，

2013（7）：100-101.

［79］王会龙．创业过程研究综述［J］．商业经济研究，2006（22）：97-98.

［80］王会龙，池仁勇．基于一个概念模型的创业过程研究综述［J］．中小企业集群与技术创新，2016（6）.

［81］陈震红，刘国新，董俊武．国外创业研究的历程动态与新趋势［J］．国外社会科学，2004（1）：21-27.

［82］高占红，刘育兵，高亚南．借鉴美国成功经验全面推进我国高校大学生创业教育［J］．继续教育研究，2015（12）：72-73.

［83］韩丽霞．深入开展大学生创业教育的实践与思考［J］．中国大学生就业，2013（12）：56-57.

［84］刘刚，李强治．创业孵化的本质及其组织模式创新：基于价值网络的视角［J］．中国科技论坛，2014（4）：45-50.

［85］李旭东，于波，谢晋．大学生创业孵化园现状浅析［J］．决策管理，2010（4）：47.

［86］闫华飞，胡蓓．产业集群内创业知识溢出机理研究：创业者的视角［J］．2014（1）：158-162.

［87］郭丽君，刘强，卢向阳．中外大学生创业教育政策的比较分析［J］．高教探索，2015（6）：21-26.

［88］季学军．美国高校创业教育的动因及特点探悉［J］．外国教育研究，2007（3）：32-36.

［89］赵亮社．高职院校创业教育与创业型人才培养刍议［J］．教育与职业，2011（3）：47-51.

［90］任国友．大学生创业素质的调查与研究［J］．中国劳动关系学院学报，2006（5）：97-99.

［91］陈扬兴．职业学校建设"创业孵化基地"的思考［J］．教育发展研究，2010（12）：85-86.

［92］David B Audretsch，Max Keilbach. Does Entrepreneurship Capital Matter［J］．Entrepreneurship Theory and Practice，2004，（9）.

［93］周嘉青．浅议银行发展模式的转型［J］．商情，2014（7）：52.

［94］朝克，李杰善．城市商业银行经营转型研究［J］．中国流通经济，2012，26（3）：125-128.

[95] 邓子基, 习甜. 中国商业银行财富管理中心发展现状及构建策略研究 [M]. 厦门：中国报告大厅, 2008.

[96] 土江. 国有商业银行战略转型研究 [M]. 北京：经济科学出版社, 2009.

[97] 朱武祥, 杜丽虹, 姜昧军. 商业银行突围 [M]. 北京：机械出版社, 2008.

[98] 斯特斯塔尔. 在变化的竞争中进行战略定位. 迪特尔巴特曼主编, 舒新国译, 零售银行业务创新 [M]. 北京：经济科学出版社, 2007.

[99] 辛兵海, 杜崇东. 全球零售银行市场增长策略研究及对于我国邮储银行的启示 [J]. 金融与经济, 2009 (8): 15-20.

[100] 蔚华. 战略调整：中国商业银行发展的路径选择 [J]. 经济学家, 2005 (1): 44-50.

[101] 徐洁. 中国银行业税收负担与银行"三性"关系实证分析——基于中国16家上市商业银行数据 [J]. 中国流通经济, 2013 (4): 124-128.

[102] 方重. 论对银行政策误区 [J]. 江淮论坛, 2012 (4): 58-62.

[103] 徐炜. 招商银行零售银行业务发展战略研究 [D]. 长沙：中南大学博士论文, 2007 (5): 45-46.

[104] 李恒, 邱向前. 我国金融业营业税税负效应分析 [J]. 上海金融, 2007 (7): 20-22.

[105] 唐成. 中国的政策性金融和邮政储蓄的关系的研究 [J]. 经济研究, 2002 (11): 45-53.

[106] 杜崇东. 转存款利率水平确定及调整问题的研究 [J]. 邮政研究, 2001, 17 (3): 24-26.

[107] 蔡友才. 我国邮政储蓄体制的改革步骤和方案选择 [J]. 金融论坛, 2003, 8 (6): 18-23.

[108] 李玮. 对中国邮政储蓄制度安排的审视与思考 [J]. 金融研究, 2000 (10): 44-52.

[109] 马蔚华. 资本约束与经营转型 [M]. 北京：中信出版社, 2006.

[110] 刘元庆. 资本约束、金融脱媒、利率市场化与商业银行战略转型 [J]. 金融论坛, 2006, 11 (7): 11-16.

[111] 田宝. 商业银行资本理论、困境及资本监管路径选择 [J]. 区域金融研究, 2005 (12): 28-31.

[112] 覃瑀．利率市场化背景下互联网金融的发展对商业银行的启示［J］．现代经济信息，2014（22）：389．

[113] 陈天奇．试论利率市场化对商业银行综合经营的影响［J］．北京工商大学学报（社科版），2013（1）：96-101．

[114] 赵娲．互联网金融发展对商业银行经营影响及商业银行应对策略分析［D］．云南财经大学，2015．

[115] 刘孟飞，张晓岚，张超．我国商业银行业务多元化、经营绩效与风险相关性研究［J］．国际金融研究，2012（8）．

[116] 艾迪·凯德．银行风险管理［M］．中国金融出版社，2004．

[117] 陈晓莉，杨杨．汇率变动对银行业经营绩效的影响［J］．金融论坛，2010（11）：22-28．

[118] 葛艳丽，刘颖．人民币升值对我国商业银行的影响［J］．金融经济，2008（6）：39-40．

[119] 周开国，李琳．中国商业银行收入结构多元化对银行风险的影响［J］．国际金融研究，2011．

[120] 徐爱军．浅谈商业银行表外业务风险监管［J］．金融经济，2012（8）：13-15．

[121] 戴国强．商业银行经营学［M］．北京：高等教育出版社，2004．

[122] 萧政，李杰．面板数据分析［M］．北京：中国人民大学出版社，2012．

后　记

本书是江西省高校人文社会科学重点研究基地江西师范大学区域创新与创业研究中心资助出版的学术丛书中的一部。书中选取了四个有代表性的案例企业，以管理学理论为基础，分别从发展战略、财务优化、创业孵化、转型发展等视角介绍分析了企业的具体管理实践。

本书共分"风雅颂扬文化传播集团新媒体业务发展战略研究""政府储备物资财务管理制度优化研究""高校大学生创业孵化基地运营现状及发展对策研究"和"互联网金融背景下中国邮政储蓄银行九江市分行转型发展研究"四章。

本书是集体智慧的结晶。全书由刘荣春教授统筹及审核定稿。参加写作的人员有刘荣春、吴越、谢菲、干甜、王佳等同志。

本书参阅了国内外大量相关研究成果并在书后列出了主要参考文献。但由于涉及的文献较多，难免挂一漏万，在此表示深深的歉意。

衷心感谢经济管理出版社丁慧敏等同志的辛勤付出！

刘荣春
2019 年 8 月于南昌